THOMAS MORE
e o primado da consciência

JACQUES MULLIEZ

THOMAS MORE
e o primado da consciência

(1478-1535)

DIREÇÃO EDITORIAL:
Pe. Fábio Evaristo Resende Silva, C.Ss.R.

CONSELHO EDITORIAL:
Avelino Grassi
Ferdinando Mancilio, C.Ss.R.
Marlos Aurélio, C.Ss.R.
Mauro Vilela, C.Ss.R.
Victor Hugo Lapenta, C.Ss.R.

COORDENAÇÃO EDITORIAL:
Ana Lúcia de Castro Leite

TRADUÇÃO:
Pe. Clóvis de Jesus Bovo, C.Ss.R.

COPIDESQUE E REVISÃO:
Mônica Guimarães Reis

CAPA E DIAGRAMAÇÃO:
Marcelo Tsutomu Inomata

Título original: *Thomas More (1478-1535). Au risque de la conscience*
© Nouvelle Cité 2013
Domaine d'Arny
91680 Bruyères-le-Châtel
ISBN 9782853136945

Dados Internacionais de Catalogação na Publicação (CIP)
(Câmara Brasileira do Livro, SP, Brasil)

Mulliez, Jacques
    Thomas More e o primado da consciência (1478-1535) / Jacques Mulliez; [tradução Clóvis de Jesus Bovo]. – Aparecida, SP: Editora Santuário, 2016.

    Título original: Thomas More, 1478-1535: au risque de la conscience.
    ISBN 978-85-369-0417-7

    1. More, Thomas, Sir, Santo, 1478-1535 – Biografia I. Título.

16-00168   CDD-923.2

Índices para catálogo sistemático:
1. Thomas More: Vida e obra 923.2

1ª impressão

Todos os direitos em língua portuguesa
reservados à **EDITORA SANTUÁRIO** – 2016

 Composição, CTcP, impressão e acabamento:
Editora Santuário - Rua Pe. Claro Monteiro, 342
12570-000 – Aparecida-SP – Tel. (12) 3104-2000

INTRODUÇÃO
– RENASCENÇA E SÉCULO XXI: SEMELHANÇAS

*Eu morro como bom servidor do rei,
mas primeiro de Deus.*

Por que essas palavras pronunciadas por Thomas More perante o povo em Londres, que assistia à sua decapitação no dia 6 de julho de 1535, ressoam em nossos ouvidos após 500 anos? Depois de meio milênio, Thomas More está no coração de milhares de páginas escritas em quase todas as línguas. Com mais de 3 mil obras, que o tentaram explicar, ainda não foi dito tudo? Certamente não, pois as controvérsias entre fiéis e detratores ainda não cessou. Sua vida – como seus escritos – interpela mais do que nunca homens e mulheres do nosso tempo.

Mas... por que More? Porque Thomas More é testemunha do que dá sentido à vida para aqueles que se interrogam sobre temas tão atuais como trabalho, amor, educação, justiça, o bem e o mal, a consciência, Deus.

E, eis aqui, mais uma biografia? Necessária, pois tive a chance de viver, em um período difícil de minha vida profissional, uma estreita camaradagem com este pai de família engajado na vida pública. Tal privilégio permitiu-me adquirir um profundo conhecimento das qualidades de More, mas sem ocultar algumas de suas reações que, em nossos dias, podem surpreender e até chocar.

Particularmente estou convencido de que Thomas More, homem comum, com sua sombra e com sua luz, é também um homem extraordinário, como demonstra seu magnetismo sempre vivo ainda hoje. Sua vida, encerrada com o martírio – motivo de sua canonização pela Igreja Católica em 1935 –, e seu pensamento, conhecido por meio de seus escritos, amigos e biógrafos, creio eu, podem ajudar as pessoas do século XXI a se recolocarem no mundo, a se edificarem. Os santos não nascem santos, mas se tornam santos.

De início convém evocar alguns elementos históricos, os acontecimentos dos tempos vividos por Thomas More. Passar por esses fatos em silêncio poderia nos levar a fazer julgamentos anacrônicos, embora o século XVI na Europa possa, em muitos aspectos, ser comparado ao nosso século XXI. Os transtornos e retornos da sociedade, a redistribuição das riquezas e dos poderes, os avanços científicos e tecnológicos, numerosos e importantes, uma nova aproximação do mundo e do planeta revelam essa semelhança.

Thomas More (1478-1535) nasceu 25 anos após a queda de Constantinopla e da invenção da imprensa. Esses dois acontecimentos, embora bem diferentes, são reconhecidos como o início dos tempos modernos. Mesmo sendo verdade que as mentalidades da Idade Média ainda hoje impregnam os espíritos, embora bastante diversos, as promessas e os tremores da Renascença estão em vias de eclodir e de se expandir. Pico de La Mirandola, cuja influência sobre More foi significativa, escreveu em 1486 o que alguns consideram como primeiro manifesto humanista, o discurso sobre a dignidade da pessoa humana, com uma definição que o autor coloca na boca de Deus:

> Nós (Pai, Filho e Espírito Santo) não te demos, ó Adão, nem domicílio certo, nem fisionomia própria, nem dom especial d'alguma forma, para que tenhas e disponhas à vontade, conforme teus desejos, do domicílio, da fisionomia e dos dons que escolheste para ti mesmo. A natureza, fixada para os outros, é contida dentro dos limites traçados antecipadamente por nós; a ti que não és contido por estreitos espaços de espécie alguma, tu mesmo te fixarás conforme teu gosto, sob o poder daquele onde foste colocado.
> Nós te colocamos no centro do mundo para lá poderes abranger melhor com o olhar tudo o que existe nele. Não te fizemos nem celeste nem terrestre, nem imortal nem mortal, para que, como um escultor que recebe o encargo e a honra de esculpir sua própria pessoa, também tu possas dar a ti mesmo a forma que preferires".

O que se passa no mundo entre 1478 e 1533 ilustra bem a autonomia e a capacidade de iniciativa reivindicadas para o homem, como afirma Pico de La Mirandola. Com efeito, se Cristóvão Colombo descobre a América, pouco tempo depois, Vasco da Gama abre o caminho para as Índias contornando o Cabo da Boa Esperança, franqueado primeiro por Bartolomeu Dias em 1488. Américo Vespúcio chega então a terras desconhecidas, hoje as Guianas e Venezuela. Os intercâmbios comerciais se desenvolvem provocando, por vezes, reações violentas com aqueles que são colocados em descarte, resultando forte aumento da inatividade e criminalidade, mas também do enriquecimento dos mais perspicazes. O descarte se cruza entre ricos e pobres. Os primeiros, tanto leigos poderosos como membros do alto clero, fascinados pela ganância do poder e do dinheiro, monopolizam as riquezas em proveito próprio, enquanto os outros, os fracos, são reduzidos à inferioridade.

Tais abusos e injustiças serão denunciados por Thomas More em 1516 em seu célebre livro *Utopia*, cujo mote é inspirado nessas expedições para terras desconhecidas.

Introdução – Renascença e Século XXI: Semelhanças

Nesse mesmo tempo, Leonardo da Vinci, Botticelli, Miguelangelo, Rafael, Dürer e outros Ticianos, realizam obras-primas, que continuam a nos maravilhar. Ronsard Du Bellay e Camões escrevem seus mais belos versos. Rabelais cria uma nova escrita. Laurent Valla oferece uma abordagem diferente da História. Nicolau Copérnico abre o caminho das estrelas para Galileu.

No terreno político, Jean Bodin, Savonarola e Maquiavel preconizam doutrinas políticas audaciosas e, por vezes, surpreendentes.

Os Alde, Gryphe, Bade, Estienne e outros Froben, célebres impressores e editores, são os "passadores" de textos de antigos e humanistas, em que Thomas More, apaixonado pelas boas letras, nutriu-se.

Na França, Espanha e Inglaterra, os três reis chamados "cristãos", Francisco I, Carlos V e Henrique VIII, guerreiam sem cessar entre eles, em detrimento de seu povo, com uma arbitragem manipulada pelo papado que quer, também ele, reforçar seu poder temporal. Sabe-se que Júlio II, por um lado – o grande mecenas pelos numerosos artistas que promoveu –, foi também um papa guerreiro de capacete e couraça. Esquecendo-se frequentemente de suas responsabilidades evangelizadoras e pastorais, vendendo o paraíso a troco de indulgências. Os pontífices romanos e seus parentes tiveram por vezes uma conduta escandalosa, como um Alexandre VI Borgia, provocando um "protesto" legítimo do monge Lutero. Não é de se estranhar que o saque a Roma, que ocorreu em 1527 pelos mercenários luteranos, foi colocado em questão sob a autoridade do católico fervoroso Carlos V?

A autoridade, até então incontestada da Igreja romana, foi colocada em questão, marcando fortemente os espíritos. Assim, a defesa vigorosa, mas lúcida, da Igreja Católica por Thomas More aparece no centro de seus escritos polêmicos nos últimos 15 anos de sua vida. Ao mesmo tempo, a Inquisição espanhola se ativa com ardor, enquanto a conquista violenta de novos territórios é acompanhada pelo massacre de indígenas na América, excetuando as reservas de alguns clérigos isolados, como Bartolomeu de Lãs Casas por ocasião da controvérsia de Valladolid (1551). No centro desses debates a pergunta: a conversão dos indígenas ao catolicismo pode ou não ser imposta pela força? Alguns até colocam a questão: os indígenas têm alma? Respeitoso com a dignidade humana, o bispo Las Casas escreve: "Vale mais um índio vivo do que um batizado morto".

Os judeus são expulsos da Espanha e de Portugal enquanto os turcos ameaçam o Ocidente destruindo a armada húngara em Max em 1526. Essa ameaça de invasão do Ocidente pelos turcos, presente em todos, é a moldura de uma das últimas obras de More sob o título: *O conforto do diálogo na tribulação*.

Na Inglaterra a guerra das Duas Rosas, entre as dinastias reais de Lancaster e d' York, empobrece o país. A chegada dos Tudor ao poder intervém em 1485 com o rei Henrique VII, após a usurpação do trono durante dois anos pelo último dos York. Por isso Ricardo III feito rei – assim parece – não hesitou em mandar matar seus rivais, que eram os próprios sobrinhos.

Esses transtornos do século XVI, lembrados aqui brevemente, podem ser comparados com os transtornos vividos nestes últimos decênios: grandes descobertas tecnológicas e científicas, revolução interna, guerras econômicas e ideológicas ou de poder, queda crescente da renda – seja de indivíduos, países, ou continentes –, proliferação de seitas, aumento da indiferença religiosa, enfraquecimento das bases da sociedade tradicional com as famílias desajustadas e recompostas, perda mas também procura pelo bom senso... Nosso século XXI é como a Europa do século XVI, o teatro de uma revolução de espíritos e comportamentos.

Podemos esperar e pensar que, o exemplo de Thomas More, personagem representativo e original do século XVI, seja capaz de contribuir para iluminar as pessoas do século XXI e aceitar interrogar-se sobre sua conduta, suas atitudes, suas escolhas ante as transformações da sociedade, com as oportunidades que ela oferece, mas também com os perigos que esconde?

1. UMA INFÂNCIA NO FIM DA IDADE MÉDIA

Espalharam-se muitas lendas em torno do nascimento de Thomas More, sua infância, sua juventude, mas, como não constam em nenhuma fonte histórica confiável, ficaremos com o que está suficientemente estabelecido pelos fatos.

Thomas More nasceu na Inglaterra, no coração de Londres, no dia 7 de fevereiro de 1478. Seus ancestrais maternos eram comerciantes: padeiros e cervejeiros londrinos. Seu pai, João, atingiu status social tornando-se advogado, depois juiz, e encerrou uma brilhante carreira como juiz no tribunal "Banco do rei". Não se sabe quase nada sobre sua mãe, Agnes (primeiro nome) Graunger (sobrenome de casada). Família da honestidade burguesa, como se dizia à época. O pai de Agnes, Thomas Graunger, também ele, era um homem da lei. Os pais de More casaram-se em 1474. Thomas nasceu quatro anos depois, tendo uma irmã, a jovem Joana. Depois chegaram outros três irmãos, Ágata, John e Elizabeth.

Dispomos de poucas informações sobre seus irmãos, fora o nome patronímico de seus cunhados, Richard Staverton e John Rastell. O que nos interessa aqui é um filho de John Rastell, casado com Elizabeth More. William, também jurista, publica em 1557 a primeira edição das obras inglesas de Thomas More, com algumas obras latinas.

Nenhum escrito de More permite-nos saber como teriam sido seus relacionamentos com os parentes durante sua juventude nem como os viveu. De sua mãe, sabemos que ela morreu quando Thomas ainda era pequeno. Toda vez que, mais tarde, ele falar de seu pai, será sempre com respeito e afeição. Atribui-se a Thomas More esta tirada humorística proferida em 1529 sobre as mulheres:

> Quem se dispõe para o casamento, tem quase o mesmo tanto de chances de escolher uma boa esposa, como de tirar a agulha de um saco contendo sete serpentes e uma só agulha...

Esta "loteria" do casamento não impede John More de se casar três vezes após a morte de Agnes Graunger, sua primeira esposa, mãe de Thomas: não sabemos se ele conseguiu encontrar quatro agulhas... Aqui também não temos informações sobre os relacionamentos de Thomas More com suas sucessivas madrastas, com exceção de um escrito de 1519:

> Raros são os homens que se entendem tão bem com suas mães como com sua sogra: ele já havia conhecido duas que queria tanto como sua própria mãe. Seu pai vem dar-lhe uma terceira: More convoca o céu como testemunha que nunca viu nada melhor no mundo...

Sabemos somente que a quarta, Alice, viúva de Sir John More, ainda vivia no ano de 1533, três anos após a morte de seu marido.

Por volta dos sete anos, Thomas More torna-se aluno da Saint Anthony School (Escola Santo Antônio), escola de ótima reputação de Londres, vizinha da casa paterna. Mesmo as épocas sendo muito semelhantes, como foi assinalado na introdução, a de More e a nossa, certamente na Idade Média o sistema educativo era muito diferente do que conhecemos hoje.

Podemos dizer, por exemplo, que naquela época o brincar e o lazer eram tidos como desperdício de tempo. As brincadeiras de Thomas deviam ser aquelas praticadas por todos: cerceau (argolas), balé, colin-maillard, devinettes, toupie etc. Talvez também se adotasse alguns exercícios físicos, mas nada mais do que isso. Fazendo uma analogia com a nossa época, um pedagogo contemporâneo de More, Thomas Elyot, procurou desenvolver as atividades físicas e o esporte, mas condenou o jogo de bola, no qual não havia para ele nesse jogo outra coisa senão um furor bestial e muita violência. Foram proibidos os jogos de azar que degradavam a saúde moral das crianças. Thomas More sacramenta sua desaprovação pelos jogos de dados, jogo de azar por excelência.

O aprendizado do latim, base para todo o ensino na primeira Escola Thomas More, mostra o cuidado do pai em ver seu filho fazer bons estudos. Aliás, o aprendizado do latim está estreitamente associado à vida inteira, inclusive ao tempo consagrado ao "recreio" das crianças. As numerosas obras pedagógicas surgidas nessa época lembram a obrigação de se conhecer o latim. As crianças devem não somente aprender, mas falar, exprimir-se nessa língua em todos os momentos de sua vida cotidiana, inclusive durante o lazer.

Entretanto, na época, o principal ensino é o da retórica, a arte da oratória, seguindo o método do debate, isto é, do diálogo contraditório (competitivo). Os alunos sentados no chão ao redor do mestre escrevem o texto latino ditado pelo professor. Em seguida, cada frase é minuciosamente destrinchada; depois explicada e comentada. Cada palavra é examinada, cada ideia é desenvolvida. Os alunos aprendem a arte do debate, que os universitários chamam de *disputatio* (disputa, debate) e se enfrentam nos jogos oratórios muito apreciados.

As punições também são parte integrante da educação, o que é o caso, ainda hoje, em certas escolas da elite inglesa.

Erasmo não suportava estas palmatórias tanto físicas como morais. Erasmo (1469-1536), figura de proa do humanismo, contribuiu fortemente para a redescoberta dos filósofos e moralistas da Antiguidade e dos padres da Igreja. Trabalhou numa tradução em latim do Novo Testamento a partir de manuscritos anti-

1. Uma infância no fim da Idade Média

gos. Sua correspondência, de mais de 3.500 cartas cadastradas, com intelectuais, personagens importantes, clérigos e leigos de toda a Europa, mostra sua vontade de insuflar os valores evangélicos e trabalhar particularmente em favor da paz entre as pessoas e os povos. Sua abrangência intelectual e espiritual valeu-lhe o nome de "príncipe dos humanistas". Citar Erasmo aqui é lembrar como ele se tornou um dos amigos mais íntimos de Thomas More, isso dá uma boa ideia da educação recebida e do ambiente da época, características do fim da Idade Média, contra a qual se levantaram também humanistas como Montaigne e Juan Luís Vives.

Erasmo faz conhecer, sem rodeios, sua hostilidade aos métodos educativos de seu tempo:

> [...] Não vemos hoje indivíduo tão imbecil, tão incapaz, tão insignificante, para não ser julgado pelo comum dos mortais, aptos para dirigir uma escola. Crendo ter encontrado uma espécie de reinado, é uma "maravilha" como estes indivíduos exercem sua violência sobre uma idade que deveria ser acarinhada com toda a espécie de doçura. Não se diria que é uma escola, mas uma sala de tortura: não se ouve senão estalo de palmatória, assobio de varas, gritos e soluços, ameaças apavorantes. O que aprenderão essas crianças, senão ódio dos estudos?

Após uma severa crítica ao "trote", já praticado sistematicamente e de maneira sádica, Erasmo também explica as consequências nefastas deste procedimento:

> [...] Nada mais nocivo do que o costume dos golpes: o uso desregrado como é feito transforma uma natureza bem-dotada, num caráter intratável, e, o que é mais comum, reduzida ao desespero [...]. Que nossa vara, para nós, seja uma advertência liberal, por vezes uma "chamada severa", mas impregnada de mansidão e não de azedume.

Montaigne, bem mais de meio século depois de Erasmo, fará a mesma constatação:

> [...] É (o colégio) uma verdadeira gaiola da juventude cativa. Torna-se um deboche [...]. Chegai na hora do vosso trabalho; não ouvireis senão gritos, quer de crianças torturadas, quer de professores inebriados de cólera. É essa a maneira de despertar nessas almas tenras e medrosas o gosto pela lição, de guiá-las do alto de um trono horrível, as mãos armadas com chicotes? Que sistema iníquo e pernicioso!

No seu manual sobre *a Civilidade Infantil*, impresso e reimpresso durante decênios, Erasmo expõe no preâmbulo os objetivos da instrução:

> A arte de educar a criança tem várias partes, entre as quais a primeira e a principal é que o espírito ainda tenro receba os germens da piedade; a segunda, que se aplique à literatura e se aprofunde nela; a terceira, que seja iniciada nos deveres da vida; a quarta, que se habitue em boa hora às regras da civilidade.

O próprio manual trata só do seu último objetivo: a civilidade. Citaremos alguns exemplos muito significativos sobre a linguagem *vert*, verde, popular da época de Rabelais.

SOBRE A VESTIMENTA

> [...] Não querer fazer-se notado, nem com desalinho e nem com elegância indicando luxo e suavidade. Um pouco de negligência no ajuste da roupa combina com a juventude, mas não exagerar até atingir a sujeira. Tem gente que borrifa urina nas beiradas do vaso sanitário ou na roupa; ou traz sobre o peito manchas não de reboco, mas de ranho (muco) ou de escarro [...].

SOBRE O COMPORTAMENTO À MESA

> É inconveniente lamber os dedos engordurados ou limpá-los na roupa. É melhor servir-se da toalha ou do seu guardanapo.

Essas opiniões de Erasmo como dos amigos humanistas de More, particularmente Vives[1], levam a escrever tratados "modernos" de educação, nos quais a psicologia faz sua aparição, mesmo se o termo próprio não é usado.

Detenhamo-nos alguns instantes sobre as preconizações de Juan Luís Vives (1492-1540) expressas nos seus novos tratados sobre educação, todos bem reputados. Sabe-se que eles influenciaram os métodos pedagógicos dos jesuítas. O próprio Inácio de Loyola foi diversas vezes visitar Bruges, local onde Vives morava.

Vives, "casado" como More, tem o cuidado de mobilizar não só a família, mas também a sociedade inteira na educação das crianças. Ele examina tudo sob todos os aspectos. As escolas devem estar situadas em lugar salubre e calmo, com uma alimentação de boa qualidade e suficiente para todos, tanto ricos como pobres (no seu tempo, ele recomendava comer pouco para estudar melhor!). E os professores devem ter a ciência, mas também uma vida pura, quer se trate de seus costumes ou de sua probidade. Vives declara ainda que um professor jamais deve aceitar dinheiro de seus alunos, com medo que ele os trate com mais doçura e indulgência devido ao dinheiro.

Vives não quer que a idade do mestre esteja muito próxima da dos alunos, pois ele preconiza um relacionamento de pai para filho. Deseja que seja uma mulher a

---

[1] Juan Luís Vives (1492-1540) nasceu em Valença no ano da descoberta do continente americano, de parentes da aristocracia espanhola. Estes eram dos "marranes", isto é, juízes batizados, mas fiéis secretamente à religião judia. Foram queimados pela Inquisição. Presume-se que esta intolerância forçou Vives a deixar a Espanha. Continuou seus estudos em Paris, onde se casou antes de se estabelecer em Bruges. Ensinou em Louvnia e Oxford. Sua compatriota Catherine d'Aragon o convidou para ir à Inglaterra, como preceptor da sua filha Mary. Sua vida curta irá terminar em Bruges.

ensinar retórica a uma jovem; se for um homem, que ele tenha certa idade e uma bela esposa [...] humor e prudência!

Para o divertimento, Vives utiliza a palavra recriação no sentido original do termo: regenerar (repor) a energia perdida.

A despeito da inadaptação e dureza dos métodos educativos do seu tempo, um escrito de More, muito posterior ao seu tempo de escolar, permite, entretanto, pensar que ele já os havia aceitado e vivido pessoalmente. Seu humor aparece em algumas linhas extraídas de uma obra que escreveu na prisão. Lamenta que certas mães "lambam" demais os seus filhos:

> Quando o menino, em vez de se levantar na hora estipulada, quer ficar mais tempo na cama e, quando se levanta tarde, se queixa de ter demorado tanto tempo para fazê-lo, logo receia ser castigado por chegar atrasado à escola, a mãe lhe diz que ainda é cedo; que ele tem muito tempo para chegar à escola. E afirma: "Vá, meu pequeno! Já tive o cuidado de prevenir o professor. Aqui está o seu lanche, pão com manteiga. Não, você não vai apanhar!". Contanto que ela o veja saindo alegre e não chorando em casa sob seus olhos, a mãe não se incomoda, embora o atraso do filho vá custar-lhe alguns tapas quando chegar ao seu destino.

Quando falarmos dos cuidados que More dava à educação de seus próprios filhos, ou daquilo que dirá no seu livro *Utopia*, surgirá a aplicação prática de um sistema pedagógico fortemente distanciado dos preceitos que havia recebido. O exemplo dos antigos, gregos e romanos, particularmente sobre a importância do corpo, servirá de referência aos humanistas, mas uma concepção "moderna" da educação não havia penetrado ainda no juiz John More, seu pai, no fim do século XV.

A primeira fase importante de sua vida, começa em 1490. Thomas More, com 12 anos, é confiado como pajem à casa de John Morton, arcebispo de Canterbury, chanceler do reino, nomeado cardeal em 1493. Tal costume, que inclui uma escolaridade, estava reservado aos jovens da nobreza. Essa introdução em um ambiente diferente – graças ao apoio do professor de latim de Saint Anthony, o muito renomado John Holt – permite a More aprender as boas maneiras, mas também prosseguir na formação intelectual.

Na organização e no clima da vida suntuosa do palácio de um grande prelado do século XVI estão reunidos todos os componentes de uma corte principesca: superabundante criadagem da casa, equipagem de caça, cantores, músicos, comediantes... É assim que no palácio de John Morton, uma vez terminadas as obrigações ligadas à função de chanceler que ele ocupa, numerosas festividades se sucedem. Por ocasião das representações teatrais a que os pajens assistem, é bastante comum confiar-lhes alguns papéis. Thomas More é um desses jovens atores em que seus talentos, como o da improvisação, são logo notados e apreciados por todos. Muitos biógrafos de More lembrarão que o chanceler Morton ficava impressionado com a inteligência e vivacidade de espírito desse "pajem".

Nosso jovem ficará marcado, principalmente, pela personalidade do cardeal Morton, que ele mencionará duas vezes na peça sobre o rei Ricardo III e, sobretudo, em seu retrato de homem político exemplar na estreia de *Utopia*.

> [...] John Morton se impunha menos por sua autoridade do que por suas qualidades de julgamento e seu valor moral. Seu semblante inspirava respeito e não temor. De uma abordagem fácil [...] tinha prazer em interpelar, às vezes com rudeza mas sem jamais ferir, os que vinham pedir. Ele testava assim a presença de espírito de cada um. A força de caráter que tinha qualquer coisa do seu próprio temperamento o alegrava, pois que foi isento de afrontamentos. Ele o encorajava como a marca de um espírito feito para grandes empreendimentos. Sua palavra ao mesmo tempo era elegante e persuasiva; sua inteligência, excepcional; sua memória, prodigiosamente fiel [...]. O rei dava grande importância às suas opiniões, e o Estado baseava-se em grande parte nelas.

Ansioso em ver seu jovem protegido progredir, em 1492 o Cardeal Morton convence o pai de More a enviá-lo a Oxford para continuar seus estudos. Oxford já é um lugar onde a elite busca se formar. Estudar em uma Universidade aumentava as chances de se desenvolver uma brilhante carreira.

Thomas More é enviado ao Colégio de Canterbury, fundado em 1363 (hoje de Jesus Cristo), cujo "protetor" é o Cardeal Morton.

O curso clássico de um estudante no fim da Idade Média passava por várias disciplinas que constituíam as "artes liberais": de um lado o *trivium* com a retórica, a gramática e a dialética e, do outro, o *quadrivium* com a aritmética, a geometria, a astronomia e a música. Assim, não eram esquecidas nem a eloquência nem a poesia – ensinadas junto com a música.

Nessa época, como sempre, eram os clérigos ou monges os responsáveis pelos colégios e pelas universidades. Thomas prossegue e acaba seus estudos de retórica, aperfeiçoa seu latim e começa a estudar o grego.

Thomas More, sem rendimento após a demissão do seu posto de chanceler do reino, em 1532, fará, nessa época, alusão ao sistema de vida muito modesto como quando era um jovem estudante. Explicará então para sua família que os tempos mudam, que vai ser preciso "apertar o cinto", mas espera não sucumbir logo cedo sob o regime de Oxford.

Assim, pois, dos 14 aos 16 anos, Thomas More descobre com paixão as "belas-letras".
É nessa época que começa a amizade de More com William Lily, grande he-

lenista, com quem, talvez, tenha traduzido para o latim numerosos epigramas gregos... Não sabemos.

Mas seu pai, mesmo ciente de que aceitou enviá-lo para Oxford, começa a se inquietar por ver o filho tão apaixonado por aquilo que, para ele, não era uma carreira digna desse nome, e busca conduzi-lo a um "verdadeiro" ofício, bastante lucrativo. John More, como todos os pais, muito sensato, sugere a Thomas que receba uma instrução jurídica completa em Londres.

É assim que, após dois anos de humanidades, e não sem tristeza – pode-se supor –, Thomas, filho obediente, deixa o ambiente intelectual, no qual cresciam seu gosto pelas belas-letras e também seu humanismo. Sem dúvida, seu desgosto ainda estava latente quando escreveu, 20 anos depois, a seu amigo Erasmo:

> Estou a ponto de perder o quase nada de talento literário que tinha, como acontece inevitavelmente a quem passa todo o seu tempo entre os desvios tão estranhos a toda a forma de cultura.

Antes de concluir este breve capítulo de um período, pouco comum, sobre a vida de Thomas More, lembremos seus primeiros amores sobre os quais Erasmo, no mesmo retrato literário de 1519, escreve: "Na idade dos amores ele não buliu com as moças fazendo coisa alguma de que tivesse de se envergonhar".

Chegou até nós uma lembrança graças a uma poesia que More endereçou a certa Isabel 25 anos após seu primeiro encontro. Fala com ternura desse primeiro amor, relembra suas primeiras emoções. Ele, com seus 16 anos; sua "Dulcineia", com 14. Eis alguns versos em que Thomas fala desse amor "proibido":

> Contudo estás sempre viva, Elizabeth, tu que me eras mais querida nos meus primeiros anos, do que eu a mim mesmo; e eis que meus olhos te contemplam de novo.
> Que má sorte te reteve longe de mim no curso de todos esses anos? Eu não passava de um menino quando te vi, e agora te revejo quando sou quase um velho [...].
> Alguém nos impôs um guarda e a porta foi solidamente fechada para manter isolados estes destinos que as estrelas queriam reaproximar [...].
> Outrora me roubaste o coração com toda a tua inocência; agora ainda és sempre querida com a mesma inocência [...].

Qual poderia ter sido a reação da esposa de Thomas More se tivesse tido conhecimento dessa poesia, na qual a lembrança de um amor passado se manteve tão viva durante um quarto de século? Mistério...

2. AS BELAS-LETRAS OU O DIREITO. PRIMEIROS ENCONTROS COM ERASMO (1494-1501)

De volta à casa paterna da cidade, Thomas mergulha nos arcanos do direito inglês, no dia 12 de fevereiro de 1496 (conforme o calendário inglês da época). Essa data é a primeira na vida de Thomas More de que temos certeza ser correta. Com efeito, dispomos de um documento da época atestando sua admissão como membro de uma sociedade de juristas do direito comum em Lincoln's Inn. Sabemos que antes dessa data oficial, Thomas já era estudante de Direito numa escola jurídica preparatória, a New Inn. A sua iniciação numa "chancelaria" ressalta os aspectos notariais e administrativos do ofício, com a aprendizagem da Law French (francês legal), língua híbrida particular, em uso no sistema judiciário inglês, naquele de palavras de origem franco-normanda com palavras de origem anglo-saxão.

Para apropriarmo-nos do clima universitário londrino dessa época, olhemos mais de perto a jornada de um estudante de Direito. Lincoln's Inn, sem dúvida, a mais conceituada entre as dez escolas de Direito inglesas, é um internato onde os estudantes vivem com seus professores, formando uma verdadeira comunidade. Certo, estamos na Inglaterra e as normas de presença são fortemente estritas. Provocaria, por exemplo, um pequeno escândalo se os debutantes não tomassem seus lugares nas suas mesas durante os dois primeiros anos do curso jurídico. Mas essa obrigação cessa quando o estudante torna-se membro da parte inteira, ou seja, quando se transforma em sócio da Lincoln's Inn.

Nos três ou quatro anos seguintes, o estudante é advogado aprendiz. Ele vai se exercitando com casos práticos desenvolvidos por outros estudantes e pelos professores.

A proximidade geográfica da Lincoln's Inn com o tribunal de Westminster, instalado no prédio do mesmo nome, permite também aos estudantes passar muito tempo como observadores das sessões do tribunal, particularmente aquelas da corte dos pleitos comuns. É-lhes reservado um espaço, denominado "cria", que se pode traduzir como "manjedoura". E, assim, nosso jovem advogado se alimenta com o "suco" dos melhores advogados da cidade. Bela e boa formação, àquela que hoje damos o nome de "formação alternativa".

Evidentemente esse período inicial deixa muitos traços na sua vida de homem da lei como também em seus escritos. Observando a vida dos tribunais, Thomas More encontra um rico material para ilustrar com humor os traços do caráter de certos contemporâneos seus. Essas condutas estão "grampeadas" e disseminadas nas diversas publicações de More. Numa cidade ideal como *Utopia*, More, com um humor "autodepreciativo", fará um de seus personagens, Hythlodée, falar como se se dirigisse ao próprio Thomas More, advogado londrino muito procurado:

> [...] Os advogados, esses homens que apelam para a artimanha a fim de pleitear um processo e usam de esperteza para discutir leis, estão totalmente excluídos da companhia deles (os utopianos).

A opinião pública – para usar uma expressão contemporânea – é muito crítica e zombadora. Por exemplo, a moeda de ouro utilizada para pagar os advogados tem um anjo numa das duas faces. Anjinho (*angelot*) é o nome dado a essa moeda. E, assim, devido a um jogo de palavras, fala-se que os anjos fazem milagres no tribunal de Westminster [...].

Como lembramos no início deste capítulo, os advogados usavam diversas linguagens em suas argumentações: três, na verdade. O acusador falava em baixo-francês, e os escritos eram redigidos em latim. Mas o advogado de defesa podia pedir para responder em inglês. Tal heterogeneidade de linguagem levava para situações cômicas, o que Thomas releva com alegria nas linhas seguintes fazendo, por sua conta, a tradução para o latim de um adágio do poeta grego Nicarque. Esse adágio descreve um processo imaginário, totalmente absurdo, correspondente a uma das formas do humor inglês, chamado "contrassenso", mesmo tratando-se da tradução de um provérbio grego.

> Um surdo cita um surdo perante o tribunal.
> O juiz era mais surdo do que os dois juntos.
> O mandante pleiteava cinco meses de aluguel,
> O outro retrucava: "toda a noite meu moinho falha".
> O juiz olha para eles e diz: "Por que brigais?
> Como estais vossa mamãe? Alimentai-a bem todos os dois".

Na prática, Thomas More passa todas as manhãs no tribunal de Westminster em sessão, ou seja, uma centena de dias por ano. O restante do tempo é ocupado

2. As Belas-Letras ou o Direito. Primeiros encontros com Erasmo (1494-1501)

pelos estudos em Lincoln's Inn. Fazem parte integrante dos tempos fortes de "trabalhos práticos", com processos fictícios ou advogados aprendizes, pleiteando em baixo-francês. Em seguida, os advogados confirmados trazem suas conclusões, sempre em francês legal. No fim da sessão, os juízes que supervisionam o processo fazem seus comentários, mas em inglês.

Outro tempo forte dessa universidade se desenrolava duas vezes por ano, na época da Páscoa e no outono. Escolhia-se um conferencista para falar, por ocasião da Páscoa, sobre as leis e animar os debates que se seguiam; e outro no outono, que ministrava uma conferência jurídica. Era muita honra ser escolhido como conferencista. Thomas More foi escolhido duas vezes.

Fora dos cursos, dos trabalhos práticos e das sessões do tribunal de Westminster, os estudantes ficam, em princípio, em suas salas, em quartos amplos divididos por painéis que formam células ou compartimentos de trabalho. Em outro espaço, um dormitório pronto, também com divisórias, é ocupado por um estudante. Como nessa época a imprensa ainda não está muito desenvolvida, os estudantes devem passar um tempo considerável recopiando os textos de processos e julgamentos.

Isso não exclui as solicitações da cidade que atraem, como em todos os tempos, os estudantes, os quais transgridem por vezes as regras estritas de Lincoln's Inn. Com efeito, estão consignados nos antigos registros dessa universidade (os livros negros) as multas e punições pelo mau procedimento. Seria fastidioso mencionar tudo, mesmo sendo alguns bastante pitorescos; mas, para compreender a época, reproduziremos dois registros:

> Abril de 1505. Willian Honychurch foi condenado a 20d por ter fechado a porta da cozinha com insolência (ex-insolência).
> Miles Hubbert foi despedido por trazer uma prostituta (meretriz) à escola durante a noite. Foi condenado a pagar 6s 8d, e a jurar que não vai mais recomeçar sob pena de multa de L5.

Não tivemos notícia de que More figurasse nesse livro negro. Pelo contrário, sabemos que sua memória e sua inteligência lhe permitiram fazer uma carreira jurídica – imposta –, que o conduziu até a advocacia em cinco anos em vez de seis. Mas esses estudos não o impediram de continuar a se interessar pelas suas queridas belas-letras. De fato, é em 1497, com 19 anos, que More publica seus primeiros versos. São dois poemas latinos que se enquadram numa gramática latina: "O leite das crianças", dedicado ao seu primeiro professor de latim, John Holt, e ao seu primeiro "protetor", o cardeal Morton. Nesse mesmo ano de 1497, More

19

redige o epitáfio do organista do rei Henrique VII. Dois outros textos seus podem ter sido escritos durante esse período ou pouco tempo depois.

Citaremos, em primeiro lugar, um longo poema em inglês que, segundo Germain Marc'hadour, fundador da *L'Association Internationale des Amici Thomae Mori* (Associação Internacional dos Amigos de Thomas More) em 1962, "parece ter sido destinado a servir de introdução moral para uma coleção sobre jogos de azar e apostas, *Le Livre de Fortune* (O livro da fortuna)", e nove poemas breves, sempre em inglês, salvo o último redigido em latim, para comemorar uma série de cortinas que adornam as paredes da casa paterna, sobre o tema das idades da vida.

O primeiro poema mostra, desde as primeiras estrofes, a impressão que a deusa da Fortuna lhe causa, fazendo-a falar com autoestima nas primeiras estrofes. Eis a segunda:

> Sem meu apoio não existe sucesso.
> Levei muitos negócios a termo,
> A um feliz êxito, embora mal iniciados
> E quanto projeto perfeitamente planejado.
> Sabiamente previsto eu fiz fracassar.
> Sem a chance a inteligência fracassará:
> É melhor ser "sortudo" do que inteligente.

As 24 estrofes seguintes mostram que essa autoglorificação da senhora Fortuna, no início do poema, não era mais do que uma provocação humorística destinada a reter a atenção do leitor. Traz o subtítulo "Aos que põem sua confiança na fortuna (sorte)", e desmonta, sem complacência, os estratagemas enganosos da fortuna. As referências aos numerosos potentados da Antiguidade, César e outros Dários, que se deixaram prender em suas redes, pretendem convencer o leitor. More escreve:

> O mundo inteiro vem a ela para mendigar:
> Um pede terras, o outro desejaria
> Este ou aquele brinquedo: Nada de importância;
> Este anseia ter êxito em seus amores,
> Este outro, de joelhos, quisera ser rei,
> Pouco se preocupando em acumular dinheiro
> Embora aos olhos de todos seja um tolo.

Nada de novo debaixo do Sol, pode-se dizer. O desdém pelas riquezas, reivindicado pelos sábios como Sócrates, Diógenes ou Heráclito, é posto em avaliação.

As sete últimas estrofes destinadas "àqueles que procuram fortuna" permitem a More regular sua conta aos jogos de azar, aos quais é bastante hostil. Na verdade,

2. As Belas-Letras ou o Direito. Primeiros encontros com Erasmo (1494-1501)

ele considera essa prática uma fuga da realidade, e que as pessoas, particularmente com respeito aos jogos de dados, já muito difundidos, iludem-se completamente. Quer no livro *Utopia*, quer em casa, More proíbe esse tipo de jogo.

A proliferação do jogo de azar em nossa era, como no tempo de More, é uma das numerosas semelhanças assinaladas, desde a introdução deste livro, entre o século XVI e o século XXI. More a ilustra bem nesse último exemplo do poema sobre a fortuna:

> Vós jogais vossa chance ao jogo de dados,
> E maldizei os números maus:
> Ora! Eu nunca toquei neste jogo,
> Lá nadam mais fofocas do que peixes.
> Atirai vossa rede: com sorte ou não.
> Contentai-vos com o que a fortuna indica
> Está bem vossa pescaria, e não a dela.

Eis alguns textos que mostram como Thomas More se alimenta da sabedoria pagã dos antigos. Os nove poemas ilustrando os tapetes (as cortinas) das idades da vida permitem perceber um pouco qual é, nos seus 20 anos, sua visão de mundo. Citaremos dois: Primeiro aquele que se intitula "Vênus e Cupido". O tapete ilustrado para esse poema, o terceiro da série, mostra um jovem, já representado no tapete anterior, estendido sobre o solo. De pé, olhando para baixo, a deusa Vênus, e, a seu lado, o pequeno deus Cupido. O que nos diz este poema?

> Para quem ignora a força, o poder, a potência,
> De Vênus e de mim, seu filhinho Cupido.
> Tu serás, tu o homem, um espelho autêntico
> Para nos dominar, apesar de todo o seu orgulho.
> Meu risco de fogo atinja teu flanco delicado.
> Eis tu, que desprezavas a infância,
> Tornar-te-ás pequenino e meu escravo.

No nono e último poema, "O Poeta", More fala pela primeira vez, e, com aquela força, daquele que será toda sua vida, sua âncora e sua bússola: Deus:

> Alegria, louvores, honras – tudo passa tão depressa:
> Nada permanece estável, a não ser o amor de Deus.
> Pobres homens desconfiai dos prazeres efêmeros.
> Não vos apegueis jamais ao que passa.
> Deus vos dará o dom da vida eterna.
> Prendei vossos corações naquele que nunca muda: Deus.

O que diferencia, a partir dessa época, Thomas More da maior parte de seus condiscípulos são, por um lado, sua resistência no trabalho, apoiada por uma memória excepcional, assinalada por todos os seus contemporâneos, e, por outro, sua capacidade para enfrentar os estudos jurídicos e a aprendizagem de línguas, necessária, esta última, para o estudo da literatura. Dispomos de uma carta que ele endereçou, em novembro de 1501, a seu antigo professor e amigo daí por diante, John Holt.

> [...] Naquilo que me diz respeito, agradeço a Deus. Sinto-me em plena forma e – o que pouca gente pode dizer de si mesmo – vejo minha vida exatamente como eu desejo; e assim praza a Deus que meus desejos sejam bons. Vós me perguntais como vão meus estudos. Maravilhosamente, bem; melhor não poderia ser. Enfileirei meus livros de latim para me dedicar ao grego. Entretanto, tendo "encostado" o primeiro (latim), ainda não recuperei meu atraso para poder assumir o segundo (grego). Mas também a esse respeito [...].

Pode-se cogitar que foi no fim desse período que More traduziu com seu amigo William Lily várias partes da antologia grega para o latim. Diversas dessas traduções aparecem numa coletânea de epigramas sob o título de *Progymnasmata: Exercícios para o entretenimento*, impresso com a terceira edição de *Utopia*, em 1518.

Em 1501 Thomas More inicia sua carreira de advogado na "vara" dos advogados de Londres; é o fim de uma época de estudos intensos que a situação social do seu pai lhe proporcionou. E descobrimos um jovem brilhante, diríamos hoje, superdotado, mas cuja personalidade não permite pressagiar seu futuro excepcional.

Desse tempo de formação e de estudos data um acontecimento que não se pode deixar passar em branco: seu primeiro encontro e decisivo com Erasmo. As próprias circunstâncias desse encontro são um tanto imprecisas, mesmo com narrativas, lendárias sem dúvida, figurando em várias hagiografias de Thomas More.

Em 1499, um ano após Savonarola ser enforcado e queimado vivo, os dois se descobrem. Thomas tem 21 anos, Erasmo cerca de 30 quando chega à Inglaterra no início do verão, convidado pelo lord Mountjoy, de quem tinha sido preceptor em Greenwich. A moradia de Mountjoy é em Greenwich. O que sabemos, é que More leva Erasmo ao palácio real d'Eltham, bem vizinho. Por ocasião dessa visita, More apresenta seu amigo Erasmo ao duque d'York, futuro rei Henrique VIII, então com oito anos.

Durante os meses em que Erasmo vive na Inglaterra, More o encontra, sem dúvida, diversas vezes, pois os laços de amizade que desde então os unem, per-

2. As Belas-Letras ou o Direito. Primeiros encontros com Erasmo (1494-1501)

durarão durante toda a sua existência. Uma carta de Erasmo enviada a More, de Oxford, em 28 de outubro de 1499, mostra o nascimento dessa amizade. Ela faz alusão a outras cartas trocadas entre eles, mas que desapareceram.

> Mal posso dizer o que eu faria com a cabeça do mensageiro cuja negligência ou maldade me frustraram, assim creio, o recebimento da carta tão vivamente esperada do meu caro More. Que tenhas faltado à tua promessa, eu não posso supor, nem tenho tentação de pensar assim [...] Mas chega de brincadeira. Eu te peço, gentilíssimo Thomas, de reparar com algum ágio a pena que senti em esperar tanto tempo a ti e teus escritos. Eu espero, falando com franqueza, não uma simples carta, mas um enorme pacote de cartas, capaz de esmagar um carregador egípcio.

Dias depois, em 5 de dezembro, Erasmo já fala de More numa carta endereçada ao bispo John Fisher (1469-1535):

> [...] A natureza já produziu algo mais dócil, mais doce, mais honrado do que o gênio de Thomas More?

Após a saída de Erasmo da Inglaterra, em janeiro de 1500, More, que se sentiu consternado vendo todas as economias do amigo ser confiscadas pela alfândega de rei Henrique VII, serviu imediatamente de comissionário e correspondente a seu amigo, Erasmo.

Essa amizade será confirmada e fortalecida já na segunda estadia de Erasmo na Inglaterra, em 1505. More, então casado e pai de família, receberá o amigo sob seu teto.

3. O MOSTEIRO OU O CASAMENTO? JURISTA, HUMANISTA E PARLAMENTAR (1501-1514)

Procura interior e descoberta da sociedade

Thomas More, então com 23 anos, advogado inscrito na vara de Londres, começa seguindo as pegadas de seu pai John, advogado procurado. Mas limitar seu horizonte a esse alvo apenas seria desconhecer esse homem novo e apaixonado, cujos centros de interesses não cessam de crescer. Thomas More quer explorar o mundo que o cerca sob todas as facetas e, com este plano, o ofício de advogado é um lugar privilegiado para a descoberta das motivações humanas de toda natureza. Está decidido também a prosseguir seus trabalhos e suas pesquisas, facilitados agora pelo desenvolvimento da imprensa no domínio da literatura. Ele sente-se em terreno familiar com correspondentes animados pelo mesmo desejo. Ao mesmo tempo, deve resolver um problema de vida material: onde e como vai viver, agora que não reside mais em domicílio paterno nem em Lincoln's Inn? Por isso More decide aproximar-se de um mosteiro, a Cartuxa de Londres, onde ele vai descobrir e compreender pouco a pouco o que é que o apoia e para que se sente chamado.

A Cartuxa está situada perto de Lincoln's Inn. Esse mosteiro foi construído pelo rei Henrique II, como ato de reparação, após o martírio de Thomas Becket em 1170 – época em que os cartuxos se instalaram na Inglaterra. Junto com esses monges, cuja regra de vida é particularmente rigorosa, More partilha, o quanto possível, sua vida de oração, exercendo sua profissão de advogado. Ele faz lá o aprendizado da oração noturna e se entrega à leitura assídua da Bíblia e dos escritos dos padres da Igreja, textos dos quais o mosteiro está ricamente provido. Essas obras são o alimento de sua vida espiritual. Durante os quatro anos em que associa a vida de advogado e a familiar em uma comunidade de monges, ele aperfeiçoa seu conhecimento do grego. Para esse *mister* segue os cursos de William Grocyn, estuda textos como os tratados de teologia[a mística dos mosteiros siríacos]. Ouve o ensinamento de Thomas Linacre sobre Aristóteles. Mais surpreendente ainda, o jovem advogado é convidado a fazer uma série de conferências na igreja de São Lourenço sobre a "Cidade de Deus" de Santo Agostinho, e foram um grande sucesso.

Em 1502 Thomas More alarga seu campo de ação com a sua nomeação como membro da Comissão de Paz, pelo comitê do Hampshire. São encarregados especialmente de manter a paz pública e dispõem de poderes de sanções, particularmente sobre os aspectos econômicos. Seus membros são na verdade juízes de paz; é, pois, a competência jurídica de More que explica sua nomeação.

Em 1503 o avô materno de More é nomeado xerife – responsável pela aplicação da lei – de Londres; e, seu pai, *sergeant-at-law*: nome dado aos advogados de ordem superior, entre os quais são recrutados os juízes. É possível que tenha sido por ocasião do banquete inaugural dos *sergeant-at-law*, no palácio de Lambeth, que More escreveu, numa tonalidade fortemente diferente, uma saborosa fábula em versos: "Uma alegre brincadeira sobre um sargento (oficial) que queria aprender a brincar de monge". Nesse texto, More zomba de todos que se desnorteiam nas atividades onde sua incompetência explode imediatamente, alfinetando de passagem os homens da lei dos quais ele faz parte, com um conselho final:

> [...] é um conselho
> Sem exceção
> Que eu dirijo ao mundo inteiro:
> É preciso cuidar
> Do seu verdadeiro "metier"
> E nem por nada inventar outro.

Esse período termina com duas nomeações: Em 1504 Thomas More é nomeado controlador financeiro em Lincoln's Inn, escola de Direito que depende de Lincoln's Inn. Em janeiro de 1505 (1504 do calendário de seu tempo na Inglaterra), ele foi escolhido, com 27 anos, deputado por Londres no Parlamento, inaugurando então sua primeira experiência no mundo político. Ao mesmo tempo, Thomas More é reconhecido como homem de letras. Testemunha da partida de seu amigo John Colet (1469-1519) para uma paróquia mais afastada, ele escreve suplicando para que volte a Londres, pois seus conselhos lhe fazem falta (rejeitado por More, John Colet é grandemente admirado por Erasmo que, numa carta/biografia, escrita em 1521, apresenta-o como um "cristão verdadeiro e autêntico"). No seu correio, More fala com força daquilo que é uma das principais convicções de sua existência, a exigência da coerência entre as palavras e os atos. Rejeita com humor a incoerência de certos médicos das almas:

> [...] A gente vê subir à cátedra de São Paulo (catedral de Londres) médicos que prometem saúde. Mas, depois que os vimos pregar brilhantemente, sua vida e seus propósitos

3. O mosteiro ou o casamento? Jurista, humanista e parlamentar (1501-1514)

se contradizem tanto que irritam a ferida em vez de amenizá-la. Não poderão, pois, persuadir-nos quando eles são os mais doentes de todos, pois não têm o que é preciso para cuidar devidamente das doenças do outro [...]

Sua carta termina com um apelo veemente a John Colet, seu diretor espiritual:

> [...] Vinde, pois, meu caro Colet [...] deixai-vos tocar pela consideração por mim, que me doei totalmente a vós e que, numa "suspense" inquieta, espero vossa chegada.

O IMPULSO (PROGRESSO)

Esse tempo do discernimento dura cerca de quatro anos e permite a More, com todo o conhecimento de causa, escolher uma vida de casado. Dezenas, se não centenas, de páginas foram escritas sobre tal escolha de Thomas More – criticado por alguns, reconhecido como exemplo por outros. Os primeiros não hesitam em escrever que ele vivenciou como um fracasso a sua renúncia à vida monástica. Conforme essa teoria, tal fracasso o teria perturbado a ponto de explicar os aspectos mais contestáveis de sua existência. Os outros, pelo contrário, veem nisso um exemplo de lucidez e liberdade pessoal. Por que querer apresentar More como um monge que errou sua vocação, ou então, segundo outros, como um quase obcecado sexual? Erasmo, monge contra sua vontade, defende a decisão de More em sua carta de 21 de julho de 1519, para Ulric Von Hutten, primeiro ensaio biográfico sobre seu amigo Thomas:

> [...] Ele (More) mostrou-se por outro lado mais ajuizado que esses jovens aturdidos, numerosos ao nosso redor, que se engajam num estado de vida (a vida de padre) tão árduo sem ter feito previamente um teste de suas forças:

Com a causticidade habitual, Erasmo continua essa carta com as palavras seguintes, frequentemente repetidas:

> O único obstáculo para o seu ingresso nas Ordens foi que ele não podia sacudir para fora o desejo de ter esposa. Preferiu, pois, ser um marido casto do que um padre impuro.

Essa alusão aos costumes corrompidos de numerosos clérigos nessa época faz parte das frequentes críticas feitas não só por Erasmo, mas por Thomas More – e muitos outros. Tal relaxamento da disciplina não ocorre sem uma ligação com vocações prematuras, até mesmo forçadas, admitidas pela Igreja. É, aliás, um dos motivos de contestação da autoridade romana que impôs aos clérigos regras de vida que nem sempre são respeitadas, começando pelo papado.

Quanto à escolha de More, podemos simplesmente acatar sua decisão de se casar e de constituir um lar no momento em que Lutero decide entrar no mosteiro. Antes de escolher sua esposa, Thomas More pôde redigir seu longo poema intitulado: "Para Cândida sobre a escolha de uma esposa", que só é publicado em 1518. Eis uma amostra de alguns versos traduzidos, que refletem, talvez, a concepção de More sobre o casamento:

> Cândido – um conselho a tempo –, é necessário que renuncies finalmente aos amores passageiros, que cesses afinal de frequentar recantos duvidosos do Cupido. É preciso procurar uma jovem, desposá-la conforme os ritos sagrados e que, unindo-se contigo pelos laços de um amor mútuo, faça crescer tua família – existe algo mais lindo? – com filhos amorosos [...].
> Que a tua preocupação não seja nem a beleza nem o dote que ela traz [...]. Quem ama por causa do dinheiro, não ama nada além do dinheiro. O dinheiro recebido logo se desfaz, volatiliza-se.
> Que ela não se amargure por causa das adversidades [...]. E, assim, a companheira da tua vida estará sempre alegre e jamais dolorida ou enfadonha. Como sábia, ela te fará conhecer suas cartas desde o berço, aos teus filhos e, um dia, aos teus bebezinhos.
> Seja como for, que ela seja uma mulher que preza sua beleza, e não tem nada mais do que aquilo que acha ser suficiente para ela.

Em 1504 More começa, então, a frequentar a moradia de um gentil-homem do campo, John Colt, pai de 18 filhos, dos quais três filhas em idade de se casar. No início de 1505, com 27 anos, ele desposa a mais velha das três, Joana, que tem dez anos menos que ele. A jovem companheira descobre uma vida nova em Londres, onde se encontra sua casa, "a antiga Peniche" (hoje, Victoria Street na Cidade), bairro dos peleiros, boticários, comerciantes de plantas ou especiarias. O nome da casa "a antiga Peniche" lembra sua proximidade com o Rio Tâmisa. A mudança de vida e da vizinhança talvez não seja tão simples para a jovem Joana que, habituada a grandes espaços, se encontra numa das ruas estreitas e sombrias da Londres no início do século XVI. É nessa época que More traduz a *Vida de Jesus,* de Jean Pico de La Mirandola. Ele a dedica a uma amiga de infância, irmã bem-amada de Jesus Cristo, Joyce Lee, que entrou nas Clarissas. Por meio dessa dedicatória aparecem nitidamente as razões do apego que tem por Pico de la Mirandola:

> Minha querida irmã, envio-te com meus votos de feliz Ano Novo um presente que atestará minha tenra afeição. Duvido que um dia chegue em tuas mãos uma obra que oferecerá igual ou maior benefício, tanto para obter o equilíbrio na prosperidade como para adquirir a paciência na adversidade, tanto para desprezar as vaidades deste mundo como para desejar a felicidade do céu... Você só pode receber com alegria tudo que tende a enfraquecer o vício, para exaltar a virtude ou para honrar e louvar a Deus.

3. O mosteiro ou o casamento? Jurista, humanista e parlamentar (1501-1514)

Desde o primeiro ano do casamento de More, a casa de Bucklesbury abre suas portas para seu compadre humanista, o caro amigo Erasmo. Em 1505 e 1506, este último passa com efeito vários meses na Inglaterra. Erasmo é testemunha do cuidado de More ao permitir à jovem esposa fazer valer seus dons: Joana se entrega particularmente ao latim, mas estuda também luth (Instrumento musical de cordas). Uma das ideias-força de More é dar uma educação intelectual completa às filhas, para que seu espírito se abra para outros horizontes além das tarefas domésticas às quais estão voltadas habitualmente – com exceção das princesas de sangue real.

Durante sua permanência junto ao casal, Erasmo rivaliza erudição com Thomas para traduzir do grego para o latim "cotovelo a cotovelo", na expressão de Erasmo, os *Diálogos* de Luciano de Samosata, chamado o "satírico" (por volta de 190 d.C.). A mobilidade de espírito deste último corresponde bem aos gostos dos dois amigos: pela sua verve e seu espírito crítico. Lucien, adepto do diálogo humorístico, a meio caminho entre a comédia e o diálogo filosófico ridiculariza os desmandos dos homens. No livro publicado em Paris em 1506, More traduz quatro diálogos: O cínico, o incrédulo, o necromante e o tirano. Quando se sabe de que maneira o futuro rei Henrique VIII vai se comportar no fim de reinado, este último diálogo já é uma quase premonição da atitude daqueles que sofrerão sob o poder arbitrário do monarca. Efetivamente, eis a questão: tem-se o direito de matar um tirano? O tiranicida responde que deveria ser recompensado duas vezes: primeiro por ter matado o tirando; depois, por haver matado o desespero.

O primeiro filho de Joana e Thomas More, uma menina, Margaret, nasce em outubro de 1505. Fruto de um amor que não terá fim, nem quando Joana vem a falecer. O diminutivo de Joana, pequena esposa, pedacinho de mulher, é sempre afetuoso, mas ligeiramente zombador da palavra esposa (*uxor* em latim). Revela o amor que Thomas tem por sua jovem esposa. Quando escreve seu próprio epitáfio, em 1532, sempre gravado na parede sul da igreja de Chelsea, More usa a terceira pessoa e, nele, lembra a memória de sua querida Joana: "[...]Levantou-se esta tumba junto às cinzas de sua primeira esposa [...]".

Quando um ano depois vem ao mundo outra filha, Elizabeth, More continua sua carreira de advogado, permanecendo ao lado de Lincoln's Inn. É nomeado por seis meses (da Páscoa à festa de São Miguel em 1507) responsável pela entrada de dinheiro da pensão dos alunos da escola, antes de assumir a responsabilidade de mordomo. A nova função é, de fato, a de intendente geral da escola. Depois, em 1508, nasce sua terceira filha: Cely. Há poucos acontecimentos marcantes para se assinalar na vida do jovem casal, além dos sucessivos nascimentos em seu lar. Em 1508 Thomas More faz um giro pelo continente com o amigo Erasmo, a fim de comparar o ensino das universidades de Paris e de Louvânia. O ano de 1509 vê nascer John... o caçula de Thomas More.

Convém lembrar aqui um incidente significativo no comportamento de Thomas More em sua vida pública.

Membro recente do Parlamento, ele se opôs com seu talento de advogado a uma demanda de subsídios do rei Henrique VII, que ele achou infundada. O Parlamento seguiu seu conselho, o que provocou a cólera do rei. Como retaliação, o rei, que não quer se opor à decisão do Parlamento, vinga-se mandando prender, não Thomas More, mas seu pai, John, sob um pretexto qualquer. Ele não recobra a liberdade, a não ser após o pagamento de uma soma de cem libras. Diversos historiadores apontam que o futuro profissional de More estava comprometido e ele teria sido obrigado a emigrar pelo continente se Henrique VII não tivesse tido a boa ideia de deixar este mundo pouco tempo depois, passando a coroa a Henrique VIII. E, não é de se espantar, que Thomas More compõe uma poesia em junho de 1509 bastante elogiosa por ocasião da coroação do jovem rei e da rainha Catarina, para demonstrar sua afeição ao novo monarca. Com efeito, este último acaba de desposar Catarina de Aragão, viúva em 1502 de seu irmão mais velho, Artur. Falecido há 15 anos, após quatro meses de um matrimônio, cuja validade será o pivô da vida política e religiosa inglesa 20 anos depois.

A carreira de More se desenvolve sem empecilhos e, ele, não só é nomeado membro de uma nova comissão de paz pela Universidade Middlesex como, dessa vez, os mercenários de Londres, sociedade de negociantes de seda, escolhem-no para ser o porta-voz nas suas negociações com o "pensionário" de Anvers, isto é: conselheiro jurídico do burgomestre e do magistrado dessa cidade. More, reeleito deputado para as comunas, representa a cidade de Londres perante o primeiro Parlamento de Henrique VIII. Tornando-se um dos dois subxerifes da cidade de Londres, ele sediará (a seção) cada semana (quinta-feira) para administrar as questões ligadas a esta instância e ocupará esta função até o verão de 1518. Em março de 1510 Thomas More é acolhido como membro da sociedade dos mercenários.

De volta da Itália desde 1509, Erasmo vai para Londres em agosto, após sua primeira estadia, de 1505 a 1506, e fica na casa do amigo More esperando que cheguem seus livros, dos quais nunca se separa. Durante essa estadia, Erasmo descansa escrevendo sua obra mais conhecida: *l'Éloge de la folie.* (*Elogio da loucura.*) Esse pequeno livro, verdadeira obra de arte, fonte de tantos comentários, de louvores

3. O mosteiro ou o casamento? Jurista, humanista e parlamentar (1501-1514)

e críticas após sua aparição em 1511, é dedicado ao amigo Thomas, usando um jogo de palavras sobre o nome "More". Se esse livro é um elogio à "loucura", cuja tradição para o grego é "moria", Erasmo faz ao mesmo tempo o elogio a More na dedicatória do livro:

> Nesses últimos dias, viajando da Itália para a Inglaterra, para não perder todo o meu tempo, eu preferi meditar sobre os estudos que são comuns para nós, ou repousar lembrando-me dos meus amigos [...]. Entre eles, meu caro More, eras o primeiro a se apresentar em meu espírito. Tenho tanta alegria ao pensar na tua ausência, como na tua presença quando estamos juntos, pois eu morro se em minha vida eu nunca tivesse conhecido nada mais delicioso.
> Decidido a me ocupar a todo o custo, tive a ideia de me divertir ao escrever um elogio da loucura [...]. A primeira ideia foi sugerida pelo teu nome de More que se assemelha tanto à loucura da qual tu és – longe da brincadeira – tido por todos, seu maior inimigo. Eu me dizia depois que esse jogo de palavras teria tua aprovação, pois tu depositas sempre um vivo prazer em brincadeiras desse gênero que não ficam sem alguma sabedoria, e, se não me engano, sem alguma fineza [...]. Tua graça e tua benevolência incríveis são tais que tu és capaz de ser um amigo para todos os momentos, encontrando nisso a tua felicidade. Recebe de boa vontade este pequeno discurso, como uma lembrança do teu amigo; toma-o sob tua proteção, pois, estando entregue, não é mais para mim, mas para ti [...].

Tal dedicatória prossegue para explicar os objetivos da obra e termina assim:

> Essa evocação de uma amizade entre dois homens, mas também das qualidades de More, o amigo fiel, é realçada na dedicatória da qual foi extraída esta citação: "Tu és capaz de ser para todos um amigo para todos os momentos". Esta expressão foi reproduzida muitíssimas vezes ao se falar de More, amigo seguro, um "homem para todas as horas" e traduzida para o inglês como *A man for all seasons*... Aliás, este é o título da célebre peça do dramaturgo Robert Bolt, de 1960, que deu origem ao grande filme vencedor de cinco Oscars de Fred Zinnemann (1966).

Thomas More será efetivamente o vigoroso defensor de seu amigo Erasmo e de o *Elogio da loucura*, que denuncia com humor cáustico e ironia mordaz os desvios de sua época e aberrações, mesmo os vícios de numerosos contemporâneos. Tal obra levantará naturalmente acaloradas polêmicas. Sempre em viagem, Erasmo volta para o continente. Retorna ainda para passar alguns dias com Thomas More, mais precisamente em abril de 1511, antes de deixar a Inglaterra para ir a Paris, onde é impresso *Elogio da loucura*. Justamente na hora de embarcar em Douvres, ele escreve a um amigo comum, André Ammonius (1477-1517), estas linhas que mostram bem sua proximidade com More:

31

> [...] Transmite a More os cumprimentos da minha parte... Recomendarás a More que procure entregar a Colet os livros que deixei no quarto de dormir.

Primeiras provações seguidas de anos felizes

Depois dessa época feliz, sua mulher, Joana, a pequena e querida esposa de More, falece no decorrer do verão de 1511 devido a uma causa incomum: problemas no parto ou a "epidemia do suor", que grassava por lá? O novo casamento de Thomas More com Alice Middleton, algumas semanas depois, deu o que falar. Fazendo uma retrospectiva, como explicar tanta pressa? O falecimento prematuro de Joana, ao cabo de seis anos de casamento, deixa Thomas, jovem viúvo de 33 anos, com o encargo da uma casa e quatro filhos. O mais velho com menos de cinco anos, o quarto nem com dois. Pode-se adiantar diversas explicações complementares. A primeira que vem naturalmente ao espírito é o problema com o qual More se defronta: quatro crianças em idade muito baixa com as quais não pode se ocupar cotidianamente. A contratação de uma governanta resolveria o problema, mas a educação e a afeição, para More, essenciais no desabrochamento das crianças não podem ser satisfeitas só com essa solução. Outra explicação seria a oportunidade devido à viuvez recente – dois anos antes do falecimento de Joana – daquela com quem quer se casar. Ela, Alice Middleton, já é mãe de uma menina de dez anos e responde a essa necessidade de uma presença materna. E mais: Alice frequentou a casa de Joana, pois as propriedades familiares das duas não eram distantes. O próprio Thomas More conhece Alice por essa razão, mas também parece que conheceu bem seu marido John Middleton, rico comerciante londrinense da "companhia Mercers", pois era advogado desse último. Outro motivo é, para More, ainda jovem, a necessidade de continuar levando uma vida conjugal normal.

Enfim, alguns sugeriram que os bens importantes dessa nova esposa, herdeira do seu marido, não podiam deixá-lo indiferente. Essa última explicação é pouco plausível, pois conhecemos o raro desapego de More diante da riqueza e de suas fortes críticas aos avarentos.

Com respeito a esse casamento com Alice Middleton, John Bouge, cura da igreja de Santo Estêvão conta, numa carta redigida após a execução de Thomas More, como ele pôde se casar assim tão rapidamente:

> Ele (Thomas More) era meu paroquiano. Eu já havia batizado dois de seus filhos. Eu havia enterrado sua primeira mulher. E, um mês depois, ele veio me ver num domingo bem à tarde e me trouxe uma dispensa de Cuthbert Tunstall (chanceler de Canterbury) para poder se casar no dia seguinte, sem a publicação dos "banhos" (proclamas).

3. O mosteiro ou o casamento? Jurista, humanista e parlamentar (1501-1514)

Essa segunda esposa não se assemelha em nada com Joana, a não ser na sua pequena estatura. Interrogado sobre a semelhança entre as duas, More responde com originalidade:

> Não sabias que as mulheres são necessariamente do maligno? Cabe a mim seguir o conselho do filósofo [Aristóteles]: entre dois males devemos escolher o menor. Assim, eu faço com minhas esposas [...] e mais agora, tendo escolhido a menor...

Alice é viúva de John Middleton há dois anos. É uma mulher/mestra que, com sete anos a mais que Thomas More, sabe governar uma casa com autoridade. Não tem certamente a docilidade da jovem Joana: "prefere dirigir que ser dirigida". Parece que o gênio liberal e jovial de um More que abre sua casa a todos que batem à porta não é sempre bem visto por ela, como já sinalizaram vários familiares. Contudo, diversos estafetas admitem que os amigos de More demoram-se pouco em sua casa. Isso serve de base para resolver também problemas materiais, como o depósito de um garrafão de vinho, ou cartas que devem chegar a More ou a um dos seus para correspondência, como o arcebispo de Canterbury. Além desses dissabores, tudo o que se conhece da vida familiar na casa de Buklesbury leva a crer que Alice More assume perfeitamente o seu papel de esposa, mãe de família e dona da casa. Ela chega à nova casa com uma filha de seus 15 anos, também com o pré-nome de Alice. Sua outra filha, Helen, faleceu no ano anterior. Thomas More adota a jovem Alice como sua própria filha. As testemunhas dessa época são unânimes em dizer que Alice More é uma verdadeira mãe para os cinco filhos, sejam ou não filhos de sangue. O próprio Thomas More, num epigrama impresso em 1518, sublinhará a afeição de Alice por seus belos filhos: [...] "glória rara numa madrasta, foi tão devotada aos filhos, que ela praticamente não existia".

Thomas More deseja que toda a sua família cultive as belas letras e a música. Assim, tenta ensinar latim para Alice, mas sem grande sucesso. Contrariamente, apesar do pouco interesse que ela parece ter pelas alegrias do espírito, Alice aprende a tocar o luth, o que é elogiado por Erasmo ao escrever sobre isso, não sem colocar na boca de More um propósito um tanto sarcástico:

> [...] Ela (Alice) não é – para citar uma brincadeira que ele (More) tem frequentemente nos lábios – "nem bela nem virgem", mas é uma dona de casa enérgica e diligente. Seus relacionamentos com ela são regulados por uma charmosa cordialidade como se Alice fosse a mais amável dos habitantes de Tendron (lugarejo). Duvido que algum marido

consiga da sua esposa, aos golpes de ordens severas, a mesma obediência respeitosa que ele consegue à força de palavras carinhosas. Não há nada, na verdade, que ele não consiga quando, agradando uma mulher já de certa idade, tendo ainda por cima um temperamento dos menos maleáveis e dona de casa até a ponta das unhas, fazê-la aprender a tocar guitarra, luth, monocórdio e flauta, e ainda aceita recitar cada dia para seu marido a lição de solfejo que ele havia-lhe indicado?

A vida familiar harmoniosa, caracteriza os três ou quatro anos seguintes. Desde jovem More, apesar dos deveres profissionais, é o primeiro educador de seis crianças que vivem sob o seu teto: com efeito, ele adotou outra filha, Margareth Giggs (filha da nutriz de Margaret More, falecida prematuramente). Thomas More inculca, entre outras coisas, os primeiros rudimentos de latim, mas também as boas maneiras e a aprendizagem da oração em família – momentos fortes de todos os dias.

De 1511 a 1514, Thomas More, embora exercendo o ofício de advogado, ministra seus cursos de Direito na sua antiga escola, Lincolns' Inn. É solicitado por todos, o que prova a confiança de seus contemporâneos. Assim, em 1512, torna-se membro do Parlamento do rei Henrique VIII em Londres.

Por ocasião da abertura do Parlamento, William Warham, arcebispo de Canterbury e Primaz do Reino, pronuncia um discurso criticando a guerra que não para de ensanguentar os países europeus. Dois dias depois, 6 de fevereiro, o decano da catedral São Paulo, John Colet, pronuncia o discurso de abertura do sínodo provincial fazendo, com coragem, da oposição à guerra, um dever de consciência. Nessa ocasião, More critica a maneira secular e mundana da vida do clero, exorta os prelados a que perpetrem as leis contra a simonia e estigmatiza os maus padres que fazem mais mal à Igreja do que os hereges.

No outono, Thomas More se vê na defesa dos interesses dos comerciantes de peixe, porque a vida econômica havia sido afetada pela guerra. Algumas semanas mais tarde, é designado pela a cidade de Londres para acompanhar, perante a Câmara dos Lordes, os síndicos do novo corpo de trabalho e falar em nome deles. Desde o início de 1513, More faz parte da delegação aprovada pelo Conselho Real para debater sobre diversos negócios; depois, com seu pai, ele intervém na regulamentação dos bens da princesa Catherine d'York. É novamente nomeado membro da comissão da Paz pelo Hampshire. Finalmente, junto com outros, é nomeado para se ocupar – ironia da História – da Ponte de Londres, onde sua cabeça será exposta após sua decapitação em 1535. Thomas More, no entanto, não esquece as belas-letras: começa a redigir *Historie du roi Richard III*". O período de 1511 a 1514 termina com novas missões, frequentemente muito materiais que lhe fazem descobrir a vida de Londres e seus habitantes. Quer se trate de trabalhos até mesmo da entrega do dízimo ou da

3. O mosteiro ou o casamento? Jurista, humanista e parlamentar (1501-1514)

fixação do preço dos produtos alimentícios ou de comissões de inquéritos, More é chamado para toda a sorte de problemas. Assim, ele vai conhecendo sua cidade em "profundidade", pois faz parte da comissão municipal de esgotos. Sua tradução de *Diálogos*, em parceria com Erasmo, é reeditada em Paris por Flamand José Bade, que controla as responsabilidades de gestão e ensino nas escolas de Direito.

Se o ano de 1514 se encerra com sua admissão numa sociedade científica na qual se encontram essencialmente homens da lei, é preciso pedir a presença de Thomas More como jurista leigo por ocasião do julgamento "post mortem" de certo Richard Hunne. Esse rico alfaiate de Londres foi posto na prisão por ter se recusado a dar ao padre – que enterraria o seu filho falecido há cinco semanas –, a contribuição habitual denominada "mortuária"; a doação de um objeto pertencente ao falecido valia pela taxa. O rico enxoval de batismo com o qual Richard Hunne queria mandar enterrar seu filho era, pensa-se, objeto de cobiça desse "cura", certo Thomas Dryffeld. Ele reivindicava a posse da roupa alegando um direito canônico, contestado pelo pai do menino que se apoiava sobre o Direito Civil. O confronto entre os dois homens termina com desvantagem para Richard Hunne, que foi encarcerado após três anos de múltiplos afrontamentos e vários procedimentos. O ponto culminante é a intimação do cura Dryffeld por Hunne perante um tribunal de direito comum em novembro de 1514. O tribunal se declara incompetente. Hunne, acusado de heresia, é preso na "Lollards Tower", ao lado da catedral São Paulo. Após um primeiro comparecimento perante o bispo de Londres, Richard Hunne é encontrado dependurado dois dias depois, na cela da prisão. O exame de seu corpo levanta a suspeita de ter sido assassinado pelo chanceler do bispo, mas os adversários pendem para a hipótese do suicídio. Essa segunda hipótese interditava na época qualquer exumação religiosa. Isso é o resumo do dossiê examinado por um tribunal de quatro bispos reunidos no dia 16 de dezembro de 1514 numa capela da catedral São Paulo de Londres, na presença de juristas leigos, entre os quais, Thomas More. Os quatro bispos julgam Richard Hunne, *post mortem*, e o declaram herege impenitente, com a confiscação dos bens a favor do rei. Seu corpo foi queimado quatro dias depois, provocando uma onda de anticlericalismo sem precedente. Pouco depois, no início de 1515, o tribunal do Banco do Rei atribui essa morte suspeita ao chanceler do bispo, o dr. Use, que foi condenado a pagar uma multa alta e mandado para longe de Londres, em Exeter, onde termina sua vida na indigência. O caso Hunne prepara os espíritos para a próxima contestação do poder temporal da Igreja da Inglaterra. Tido como revelador da impunidade concedida aos eclesiásticos, vai ficar no centro de numerosas polêmicas. Thomas More, marcado para tal acontecimento, voltará com diversas reprises nos seus escritos de 1529 até 1533.

Assim, sucintamente exposto o caso Richard Hunne, no qual More se envolveu, fecha-se um período em que Thomas More ainda está muito afastado dos problemas da Igreja Católica na Inglaterra, fragilizada e cujos privilégios são cada vez mais mal vistos. A Igreja Católica é, toda inteira, também ela, perturbada devido à reunião de um concílio apoiado por Carlos V. Esse concílio "cismático" tinha por objetivo depor o papa Júlio II, cuja vontade de crescimento do poder temporal fazia sombra aos poderes dos reis. Convocando um concílio ecumênico no Latrão a partir de maio de 1512, Júlio II reafirma o direito exclusivo dos papas de convocar concílios. Os prelados reunidos em Pisa são excomungados antes de fazer ato de fidelidade ao papa ao reunir os padres conciliares no Latrão em 1513. O mesmo papa Júlio II concede "indulgências" – fonte de contestações – aos fieis que contribuem para o financiamento dos trabalhos de São Pedro em Roma. Esse método continuou com seu sucessor, o Papa Leão X. É através da coleta de indulgências que este, em março de 1515, assina um contrato financeiro firmado entre o banqueiro Fugger e o cardeal Albert de Mayence, autor e participante desse "tráfico".

4. PRIMEIROS PASSOS NA VIDA PÚBLICA E CELEBRIDADE LITERÁRIA (1515-1518)

Primeira embaixada

Em 1515, Francisco I tem 21 anos. Está sucedendo a Luís XII, falecido a menos de três meses após seu casamento com Mary Tudor, então com 16 anos, irmã caçula do rei Henrique VIII da Inglaterra. O objetivo desse casamento era selar a paz com a Inglaterra e cessar os desentendimentos com o futuro Carlos V. Com efeito, a escolha diplomática havia estranhado a ruptura do noivado entre a mesma Mary Tudor e o futuro imperador, o jovem Carlos. Percebendo o fim de seu noivado, realizado em 1508 após longas negociações, Carlos, com 14 anos, teria encomendado um filhote de falcão a fim de emplumá-lo, para espanto de seus familiares, e teria declarado:

> Vocês me perguntam por que emplumei este falcão. É novo e ainda não foi ensinado. E, porque ele é novo, foi tido em pouca estima. Por isso, não vai cantar mais quando criar pena. Assim, vocês fizeram comigo. Sou novo e vocês me emplumaram a seu bel prazer. E, porque sou novo, não sabia como me queixar; mas guardem na memória porque futuramente os emplumarei.

Que tal propósito, seja ou não apócrifo, ele anuncia as guerras incessantes desde esse início do século durante o qual reinaram os três reis "cristãos": Carlos V, Francisco I e Henrique VIII.

Nesse contexto Thomas More é designado por Henrique VIII, em fevereiro de 1515, para uma missão em Flandres. Em maio a delegação deixa Londres para discutir com os delegados do príncipe Carlos problemas em torno dos tratados comerciais, assinados em 1496 e 1506.

O "intercurso Magnus" (grande intercurso) de 1496 tinha sido um importante tratado comercial entre Inglaterra e Países Baixos, estendido sob certos pontos até Veneza, Florença e a liga hanseática (associação de cidades comerciantes da Europa do Norte), pela qual esses países entravam em acordo sobre privilégios comerciais recíprocos. Esse tratado, que favorece a importação de tecidos ingleses, é pouco vantajoso para os Países Baixos. O novo tratado, assinado em 1506, o "malus intercursus" (mau intercurso) era mais desequilibrado ainda: as exportações de linho em favor da Inglaterra não eram mais sujeitas a nenhuma taxa. Henrique VIII confia, em maio de 1515, a uma delegação de cinco pessoas, o cuidado de reexaminar as condições com respeito à aplicação desse tratado. Seu chefe é Cuthbert Tunstall, futuro bispo de Durham e conselheiro de Catarina d'Aragão, esposa do rei. A delegação deixa Londres e vai para Flandres, alguns dias depois. Por intermédio de algumas cartas ainda existentes, trocadas entre os membros da delegação, o chanceler Wolsey e o rei, o papel ativo de More aparece nitidamente.

Essa missão se eterniza, pois, em vez dos dois meses previstos de início, ela vai até o fim de outubro, ou seja, cerca de cinco meses a mais. Felizmente Thomas More encontra-se com alegria, por diversas vezes, com seu amigo Erasmo em Bruges. Desde o mês de maio, Erasmo havia anunciado a vinda de More a um de seus amigos, Pierre Gillis, secretário da cidade d'Anvers, humanista e editor:

> [...] Encontram-se em Bruges os dois homens mais sábios de toda a Inglaterra, Cuthbert Tunstall, chanceler do arcebispo de Canterbury, e Thomas More, a quem já dediquei a obra (*Eloge de la folie*). Eles são para mim, um e outro, grandes amigos. Se por ventura sobreviesse algum incidente pelo qual pudesses fazer alguma coisa que os agradasse, não poderias fazer coisa melhor do que um gesto de cortesia.

Em setembro, More vai a Anvers e se hospeda no mesmo lugar que Pierre Gillis. Antes ele pôde visitar uma exposição de curiosidades, muito conhecida em Malinas, na casa de Jerônimo de Busleyden (1470-1517), padre, mecenas e humanista. Pode ter sido nessa ocasião que Thomas More pegou gosto por medalhas ao descobrir uma coleção magnífica de moedas antigas. Esses dois encontros desencadeiam sólidas amizades.

Entretanto, Thomas More tem alguns problemas financeiros, pois o dinheiro que havia apurado não cobre senão 60 dias das despesas, o que levou Tunstall a escrever a Wolsey dizendo que o mestre More precisava ser ressarcido financeiramente. E mais: More se preocupa com sua família. Volta finalmente para a Inglaterra não sem ter servido de mensageiro para Richard Pace, tipo de eminência parva de Wolsey, que o tinha enviado urgentemente à Suíça a fim de frear os ardores guerreiros de Francisco I. Henrique VIII temia de fato com uma tentativa de invasão da Inglaterra, com a ajuda de mercenários helvéticos.

Durante esses cinco meses de ausência, Thomas More utiliza seu tempo livre para direcionar sua inteligência, cultura, imaginação e capacidade de trabalho intelectual na redação de sua obra, *Utopia*.

4. Primeiros passos na vida pública e celebridade literária (1515-1518)

UTOPIA

Essa obra revolucionária não pode ser resumida em algumas linhas. Para descobrir algumas facetas mais originais de More, é necessário explicar os objetivos desse livro, apresentando também a organização da *Ilha de Utopia*.

Thomas More, tão com 37 anos, está em plena posse de seus meios. Pôde viver e compreender o cotidiano dos habitantes de Londres e outros condados; seja como advogado, seja como subxerife da cidade. Foram confiadas a ele numerosas missões, como a fixação de preços dos alimentos, a participação em comissões da paz; foi convocado para julgar delitos de toda espécie. Ficou escandalizado à vista de dramas ligados à miséria crescente de cidadãos expulsos de suas terras e reduzidos à mendicidade. Para More, as razões desse empobrecimento são claras. Decide pois denunciar essa situação. A exemplo de *Elogio da loucura*, um livro incendiário, que seu amigo Erasmo lhe dedicara, *Utopia* coloca em questão, já no início do livro, a ordem estabelecida. Na segunda parte da obra, Thomas More imagina a organização da cidade ideal.

Mistura de sabedoria e ironia, de filosofia subtil e "mordidas", de doutrinas e hipóteses variadas, *Utopia* atinge sem parar os confins do humorismo e do sério, passando natural e tão rapidamente de um para o outro, que o leitor, muitas vezes, não sabe sobre qual chão ele se encontra. *Utopia*, que More acaba de escrever em Londres, apresenta um quadro sem complacência das condutas dos poderosos, tanto leigos como clérigos, obcecados pelo crescimento de seus bens materiais. More se levanta contra a agressividade devida à competição, à sede de poder, ao açambarcamento dos bens destinados para alimentar os fracos. Uma página bem conhecida de *Utopia* ilustra a maneira como ele revela os abusos de sua época, com as consequências como: desemprego ou delinquência, muito comparáveis com aqueles do nosso tempo, dos bens destinados a alimento dos pobres:

> Os carneiros [...] Animais ordinariamente tão mansos e pouco exigentes pelo seu alimento, tornam-se tão vorazes e ferozes hoje em dia, que devoram até pessoas, devastam e despovoam os campos, as casas e as cidades. Com efeito, em todas as partes do reino onde se produz o linho mais fino e, portanto, o mais precioso, os senhores da alta e baixa nobreza e mesmo alguns abades "gente santa!" não se contentam mais com o rendimento... de suas terras. Não contentes com uma vida de ociosidade e de luxo, que não serve em nada ao bem comum – quando ela não lhes dá prejuízo –, não deixam nada para a cultura, levantam cercas por tudo ao redor da pastagem, derrubam as casas, arruínam os burgos... esta "boa gente" transforma em deserto todos os lugares habitados. E as menores parcelas de terra cultivada.
> Assim, pois, para permitir a um só ganancioso insaciável reagrupar e fechar seus campos com milhares de hectares, expulsam os agricultores e os despojam de suas terras;

39

> usa-se de esperteza para iludir sua confiança, da violência para abater sua coragem, dos vexames para "forçar a barra" e acuá-los a vender seus bens. É assim que ficam esses míseros: homens, mulheres, crianças, casais, órfãos, viúvos, pais e parentes, pois a terra precisa de muitos braços... abandonando seus lares... sem mesmo saber onde se refugiar. Todas as suas mobílias são vendidas por um-quase-nada. E, quando em pouco tempo tiverem gasto o pouco dinheiro que tinham, o que lhes restará a fazer é, senão, roubar e evidentemente deixar-se enforcar "de acordo com a lei?!" A menos que andem à deriva, mendigando. Entretanto, mesmo nesse caso, são jogados na prisão por vagabundagem, sob pretexto de que estavam passeando sem fazer nada, pois ninguém os contratou, mas o seu mais ardente desejo seria trabalhar. Na cultura à qual estão acostumados não há nada a fazer, depois que se não planta mais.

Aí está por que More, próximo do povo, lamenta as sanções infligidas aos pequenos delinquentes:

> Eu penso que todas as riquezas do mundo não podem ser comparadas com o preço da vida humana [...]. Deus proibiu matar quem quer que seja, e nós nos matamos facilmente pelo roubo de uma ínfima soma de dinheiro!

A indignação de More, tão visível, poderia valer-lhe algum cuidado da parte dos poderosos se ele não tivesse tido a preocupação de escrever essas diatribes sob a forma de um diálogo imaginário. O início desde livro-ficção é, em parte, autobiográfico. More entra em cena contando como encontrou o personagem principal de *Utopia* por ocasião da sua permanência em Flandres e, mais precisamente, em Anvers, graças a Pierre Gillis. Os protagonistas, reais ou inventados, após terem ouvido a narrativa das injustiças divulgadas na Inglaterra, no primeiro livro de *Utopia*, encontram maravilhados a melhor forma de comunidade política em a nova *Ilha de Utopia*, título completo de *Utopia*, na versão final.

Os dois novos amigos flamengos de More, Pierre Gillis e Jerome de Busleyden, estão estreitamente ligados à aparição de *Utopia*. O primeiro, Pierre Gillis, é aquele ao qual More dedica o seu livro, prolongando a ficção do livro, escrevendo que ele não fez senão relatar tudo o que certo Rafael lhe havia contado. Assim Gillis será também o editor de *Utopia* e o autor de uma carta-prefácio do livro endereçado a Busleyden. Esse prefácio apresenta também um Thomas More "dublado" ou redublado. Com efeito, em *Utopia* More é certamente um dos interventores, mas é também o personagem principal, disfarçado sob o nome de Hythlodée, a menos que isso não seja uma alusão ao seu doublê, o amigo Erasmo. Com esse nome bizarro inventado por More a partir de duas palavras gregas, hythlos (tagarela) e daïos (hábil), Hythlodée significa "perito em futilidades", e a ficção *Utopia* se revela plenamente. Seu pré-nome, Rafael, é também o nome do arcanjo padroei-

4. Primeiros passos na vida pública e celebridade literária (1515-1518)

ro dos viajantes. Ora, *Utopia* descreve uma expedição marítima que leva a uma ilha desconhecida, como alusão aos grandes descobridores da época. Rafael é, por outro lado, na Bíblia, o anjo que curou Tobias de sua cegueira. Rafael Hythlodée é, pois, um personagem complexo, à imagem de Thomas More. A própria palavra utopia designa um "não lugar", ou seja, um lugar que não existe mais. Todos os nomes inventados por More (e lembremos que, depois da sua juventude, ele ama o teatro) são, portanto, "sem sentido". Seria muito longo mencionar todos, mas certamente o leitor deseja conhecer alguns. Assim, o rio da *Ilha de Utopia* é chamado Annydre, "rio sem água"; sua capital, Amaurote, a "cidade fantasma". O neologismo Tranibore, nome usado pelos senadores, significa "tão inalcançável quanto o vento", indicando assim que eles não têm consistência real. Interessante é a palavra oligopólio, "venda por um pequeno número de gente", do grego oligos, "um pouco", inventado por More, e sempre utilizado em nossos dias, é inspirado para essa invenção na palavra greco-latina *monopolium*, monopólio, isto é, "venda por um só homem". More criou a palavra e o conceito de oligopólio, sempre a propósito dos "carneiros, devoradores de homens" e seu preço de venda muito alto, da seguinte maneira:

> Se não podemos falar do monopólio do carneiro, pois o vendedor não é único, existe certamente um oligopólio. Com certeza mais ou menos todos os rebanhos passam pelas mãos de algumas pessoas, indivíduos muito ricos que nunca se veem forçados a vender, a menos que lhes aprazo fazê-lo; e aprazer-lhes-á se puderem impor o preço a seu bel prazer.

O livro *Utopia* começa lembrando o motivo da presença de More em Flandres: uma viagem no decorrer da qual, saindo da igreja de Norte Dame, em Anvers, num domingo, teria encontrado seu amigo Pierre Gillis discutindo com um desconhecido. Este desconhecido, Rafael Hythlodée, é um viajante que retorna de uma expedição iniciada com Américo Vespúcio, que deu seu nome à América. Tendo deixado Vespucci, Hythlodée descobriu a *Ilha de Utopia*. Nesse primeiro encontro em Anvers ocorreu um debate entre More, Gillis e Rafael sobre a legitimidade e a utilidade de ingressar no serviço de um rei, salvo se a principal ambição do interessado é enriquecer-se e aparecer.

More nos faz compartilhar a dupla preocupação: começa a sentir o peso de sua missão flamenga, e está um tanto cético quanto à capacidade de influência de um conselheiro, caso este último queira ir além do papel de cortesão, que não faz outra coisa senão incensar qualquer projeto do seu príncipe. Em seguida, More

41

descreve os maus principados do seu tempo: as guerras, a iniquidade dos príncipes, a presença de numerosos parasitas alimentados para não fazer nada de útil, os pobres sempre acuados e que se tornam ladrões. Que se levante contra a maneira injusta de enfrentar problemas sem atacar as causas inerentes à organização mesma da sociedade. Tal análise pode se aproximar daquela de João Paulo II, que denunciou em 1987 as "estruturas do pecado" em sua encíclica "solicitudo rei socialis". Os exemplos colocados em destaque por More são provocantes, mas a maneira viva e muitas vezes humorística indissociável de sua personalidade, faz com que sua mensagem seja aceita.

Antes de passar para o II volume, duas citações ilustram o I. Uma evoca a privatização do trabalho dos prisioneiros, sem que saibamos na verdade se Hythlodée é favorável ou hostil a esse sistema. A outra critica os "bons" conselheiros dos reis que os incita a escolher juízes "partidários".

> [...] Há lugares onde os condenados não são colocados em trabalhos públicos. Mas onde alguma pessoa particular, que tem necessidade de trabalhadores, vai à grande praça e contrata por dia um entre eles por um salário determinado. O preço é ligeiramente inferior ao da mão de obra livre, mas tem o direito de dar chicotada em um trabalhador preguiçoso. Assim os condenados nunca faltam ao trabalho e, garantindo em tudo sua subsistência, cada um entre eles faz entrar um pouco de dinheiro no erário público.
> [...] Outro conselho para o rei: acercar-se pessoalmente por juízes decididos, não importando o negócio, para decidir em favor dos direitos da Coroa. Por outra, esses juízes serão convocados pela corte e convidados a discutir os negócios do rei em sua presença; dessa maneira, em todo o caso, se for ruim ou o rei estiver interessado, sempre haverá um juiz que, seja por espírito de contradição, seja por respeito humano ou apenas para não repetir o que os outros disseram, seja ainda pelo desejo de ganhar um favor do rei, estará pronto para descobrir qualquer falha do direito por onde ela possa ter entrado. Portanto, se os juízes têm opiniões contrárias ou se discutem um assunto evidente por si mesmo (*ipso facto*), a verdade entrou em questão e dá-se ao rei a ocasião de interpretar o direito a seu favor. Não faltarão o respeito humano ou o medo para unir os hesitantes [...].

More termina seu exemplo citando ironicamente uma palavra atribuída ao riquíssimo Crasso: "Um rei não pode errar, mesmo quando quer".

O volume II, que na verdade foi escrito antes do primeiro, durante a permanência de More em Flandres, é de uma tonalidade muito diferente do primeiro. Não é mais um diálogo como está no subtítulo: Discurso de Raphael Hythlodée sobre

4. Primeiros passos na vida pública e celebridade literária (1515-1518)

a melhor forma de comunidade política, relatado por Thomas More, cidadão e subxerife de Londres – Hythlodée [More] apresenta a organização sociopolítica de um pequeno reino isolado em uma ilha incomum, cujos habitantes ainda não têm conhecimento de Jesus Cristo e da Bíblia. Essa organização é inspirada na República de Platão, nas regras monásticas e na imaginação fecunda de Thomas More. Serão destacadas aqui algumas ideias emanadas desse volume II. Esta biografia não tem por finalidade fazer uma nova análise de *Utopia*. Este texto, único em todo o sentido, foi e continua sendo objeto de milhares de páginas dos mais variados pontos de vista em todas as línguas.

A exposição começa com uma descrição muito precisa – e simbólica sem dúvida – da origem do pequeno reino do rei Utopus, e também de sua geografia física, econômica e urbana, cujo princípio próprio vai inspirar dezenas de arquitetos, sociólogos e políticos mundo a fora. As 54 citações do termo utopia (alusão à Inglaterra, que conta hoje com 53 comitês [condados] aos quais se ajunta Londres) são igualmente distantes umas das outras. A repartição de terras é igualitária, e as famílias que as ocupam têm ao menos 40 pessoas mas são reagrupadas em apenas 30, sob a autoridade de um "philarca" (palavra que significa "amigo do poder", outro traço de ironia de More, pois a noção mesma de "amigo do poder" não pode ser senão estrangeira no regime europeu). Uma rotação entre trabalho no campo e nas cidades está prevista e organizada. Para a urbanização, o equilíbrio entre o construído e os espaços verdes é exato. São igualmente descritos com rigor de detalhes as fortificações, o traçado das ruas e a disposição das casas. Sinal da tranquilidade e da segurança em *Utopia*, as habitações não têm fechaduras. Exemplos desses poderiam ser multiplicados, mas parece mais útil evocar brevemente algumas características específicas da sociedade utopiana: organização política, vida social, vida familiar e religião.

Organização política

Um sistema eleitoral democrático com vários graus permite a cada habitante sentir-se envolvido na vida da cidade através dos "tranibores" (tranibores são os que deliberam sobre negócios públicos, regulam os raros conflitos entre particulares e convidam sempre para deliberações do senado, dois *syphograntes*, syphograntes são os responsáveis por uma família ou grupo de um mínimo de 30 pessoas), que mudam a cada sessão. A lei prevê que nenhuma moção de interesse público pode ser ratificada se não foi discutida no Senado três dias antes. Tomar decisões concernentes aos negócios de interesse público fora do senado ou fora das assembleias do povo é considerado um crime capital.

More-Hythlodée se opõe à lei do voto "democrático" em *Utopia*, o que se constata alhures muitas vezes:

> Quando examino todas as sociedades que prosperam sob nossos olhos, eu não vejo – e Deus me é testemunha – outra coisa do que uma conspiração dos ricos que usurpam o nome e a autoridade do Estado para tratar os próprios negócios. Eles acumulam e inventam toda a sorte de manobras e procedimentos: Primeiro para armazenar sem medo de perder os bens que adquiriram por meios ilícitos. Em seguida, para pagar o menos possível a mão de obra dos pobres e seus trabalhos. É suficiente que os ricos tenham decretado uma só vez que basta submeter suas maquinações ao nome do "bem público" para transformá-las em leis.

VIDA SOCIAL

A ociosidade é tida como a pior das situações.

A esse respeito, numa nota na margem do texto, More denuncia o batalhão doryphore (portador de lanças) [...], mas também os mendigos robustos e sadios, que simulam uma doença qualquer para esconder sua preguiça. Todos, homens e mulheres, devem ter um serviço complementar na agricultura com a obrigação de exercê-lo. No entanto, os syphograntes devem fazer de tal forma que cada qual se entregue conscienciosamente ao seu ofício, mas não trabalhar sem trégua, desde o levantar-se até tarde da noite como um animal de carga. Ora, essa vida miserável, mais esgotante que a dos escravos, é a vida que levam quase todos os operários, exceto os utopianos. As seis horas de trabalho cotidiano repartem-se em dois tempos: três horas de manhã e três horas após o meio dia, após o almoço, seguido por duas horas de sesta!

O lazer individual ou comunitário é consagrado essencialmente aos trabalhos intelectuais ou artísticos, particularmente à música, tão cara a Thomas More. A vida social, toda ela está organizada nos mínimos detalhes, quer se trate do número de filhos autorizados para cada casal (cujos membros a mais são transferidos para as menos numerosas), dos cuidados com os enfermos nos hospitais públicos, do abastecimento ou ajuda para as jovens gestantes, sem omitir a preparação da refeição tomada muitas vezes em sociedade, para todas as idades. Como tudo é posto em comum, pois a propriedade particular é ausente em *Utopia*, avareza, roubo, inveja etc. são desconhecidos. A distribuição dos produtos é gratuita e o uso do dinheiro é limitado com vistas ao intercâmbio comercial com outros condados. O desprezo da riqueza pelos utopianos é tal – aqui More se diverte e nos diverte – que eles fabricam com ouro seus vasos noturnos.

4. Primeiros passos na vida pública e celebridade literária (1515-1518)

VIDA FAMILIAR

Embora o sentimento amoroso não possa ser regulamentado, existem práticas muito codificadas. É assim que os amores pré-nupciais são sancionados e representam verdadeira desonra no que concerne aos pais. Se a mulher pode casar-se antes dos 18 anos e o homem com 22, a escolha do consórcio depende dos dois, o que é pouco frequente. Por outro lado, para evitar qualquer engano ou surpresa desagradável, a mulher, seja virgem ou viúva, é exposta despida sob os cuidados de uma matrona virtuosa e sábia, diante do pretendente; e, por intermédio de um homem de probidade provada, o noivo por sua vez é apresentado despido à jovem [...] (A proposta se prolonga para explicar o motivo dessa disposição insólita): Na verdade, sob o belo véu das vestimentas pode se esconder uma deformação tão repulsiva que aliena completamente os sentimentos do marido por sua esposa, sendo que não podem mais subtrair-se à lei que os uniu de corpo. Certamente, se um mal desse gênero acontece depois da celebração das núpcias, cada qual deve suportar forçosamente sua sorte. Mas, antes do casamento, cabe às leis impedir que nada leve para uma situação dessas.

Quanto ao divórcio, ele é tolerado desde que as duas partes estejam em comum acordo, sob a reserva de um exame aprofundado dos motivos do pedido de divórcio pelos magistrados. O divórcio pronunciado em caso de adultério ou de costumes absolutamente insuportáveis da parte de um dos dois cônjuges... o culpado é tachado definitivamente de infâmia, devendo observar um celibato perpétuo!

VIDA RELIGIOSA

Os utopianos não conhecem a religião cristã, o que reforça a exemplaridade de seu modo de vida que se apoia sobre o direito chamado natural. More, entretanto, ajunta que desde quando tiverem descoberto o cristianismo, não deixarão de o adotar. Em *Utopia* os padres devem ensinar às crianças, antes de tudo, a moral e a virtude, indispensáveis para salvaguarda das instituições utopianas. Em *Utopia*, esses padres são de uma eminente santidade e, ao mesmo tempo, pouco numerosos [...]. Eleitos pelo povo em votação secreta a fim de evitar toda a intriga, podem escolher o celibato ou o casamento, mas, num e noutro caso, eles não podem abrir motivo para suas pretensões. Sobre o sacerdócio das mulheres, More escreve:

> As mulheres não estão excluídas [do sacerdócio], mas não são escolhidas, a não ser raramente, quando são viúvas ou já em avançada idade.

Se a comunhão de bens está no centro da cidade ideal, preconizada em *Utopia*, bem que se deveria desenvolver outros temas. Eles têm inspirado milhares de artigos e de livros. Como todas as interpretações emitidas, por mais antagônicas que sejam, se este livro é uma obra séria, é também muito alegre, cheio de jogos de palavras, de gracejos e de sátiras – algumas mais saborosas do que outras. *Utopia* é bem o "pingente" do livro *Elogio da loucura*, de Erasmo. São textos que têm por finalidade denunciar as condutas escandalosas muito numerosas da época. More, no entanto, vai mais longe propondo uma criação... utópica. Ele está perfeitamente consciente, pois *Utopia* termina com as seguintes palavras:

> [...] Entretanto, é para mim mais fácil admitir que na República dos utopianos existe um número muito grande de disposições que eu desejaria ver em nossas cidades. No meu modo de pensar, seria mais verdadeiro apoiar do que esperar.

Impressa pela primeira vez em Louvânia, em novembro de 1516, a obra *Utopia* foi reeditada em Paris em novembro de 1517. A edição definitiva é a de Bâle, de 1518. O próprio texto de *Utopia* é acompanhado de testemunhos muito elogiosos de amigos humanistas de Thomas More. Mesmo não aparecendo objetivamente, a ação do caro amigo Erasmo em favor da edição e da difusão de *Utopia*, é onipresente, como demonstra uma copiosa correspondência. More, numa carta-prefácio a Pierre Gillis, explica, com seu humor habitual, por que tardou um pouco a mandar seu manuscrito:

> E agora, para concluir este pequeno trabalho de nada, todas as minhas outras ocupações não me largam um momento, nada, menos que nada. Enquanto que, continuamente engajado nos afazeres judiciários, ora implorando, ora ouvindo, ora arbitrando uma desavença, ora pronunciando um julgamento, ora... ora dedicando quase o dia todo para os outros, tantos ao redor de mim e tantos de fora. E, quando dou acordo do que resta para mim, para mim pessoalmente, ou seja, para minhas belas-letras, não sobrou nada.
> De fato, entrando em minha casa, falta-me conversar com minha esposa, brincar com as crianças, entreter-me com a criadagem. Todas essas ocupações, para mim, devem ser colocadas na lista das obrigações necessárias a serem desempenhadas. Sim, necessariamente, se não quisermos viver como um estrangeiro na família.

A obra *Utopia*, redigida em latim, foi traduzida para mais de 50 idiomas, incluídos também finnois, coreano, japonês ou frison, sem esquecer o português, em 1999. Essa obra-prima faz parte das origens desse gênero de literatura já muito desenvolvido, mas também de sociedades ideais como *La cité du soleil*, de Tommaso Campanella (*A cidade do sol*).

4. Primeiros passos na vida pública e celebridade literária (1515-1518)

Mas é tempo de encontrarmos com Thomas More nesse início de 1515 através de sua carta a Dorp.

CARTA PARA MARTIN VAN DORP

É na véspera de sua partida de Bruges, de volta para Londres, que Thomas More assina uma longa carta para Martin van Dorp (1485-1525), o corajoso defensor de Erasmo. Como era previsto, o lançamento do *l'Éloge de la Folie* (*Elogio da loucura*) e seu vivo sucesso em toda a Europa letrada valeram a Erasmo críticas virulentas de todos que foram punidos considerados como antípodas dos valores evangélicos, dos quais deveriam ser testemunhas exemplares. Além disso, sua tradução inédita do Novo Testamento, a partir do texto manuscrito em língua grega, comoveu os teólogos de Louvânia, dos quais fazia parte o jovem Dorp, com 30 anos, brilhante filólogo, letrado e professor de boa reputação. Dorp julgou-se obrigado a elevar o tom para defender seus colegas de Louvânia, cujas reações escolásticas foram "levadas a mal" por Erasmo. Este último, 20 anos mais velho, muito irritado pela carta aberta de reprimenda de Dorp, chamando-o de "novato", tinha mandado uma primeira resposta ao mesmo tempo em que comunicava a admoestação de Dorp ao seu amigo Thomas. More lembra as críticas de Dorp ao se encontrar com Erasmo:

> "Tem fel nessa história", disse-o Dorp essencialmente nas suas tiradas; e seus sarcasmos jogam descrédito sobre a própria religião. Quanto ao Novo Testamento, aquilo que sabemos é suficiente depois de mais de mil anos: o que de bom pode surgir a mais? Desconfiemos de certas fontes gregas, envenenadas certamente pelos ortodoxos.

A tonalidade da defesa de Erasmo feita por More, como sempre, é firme, apaixonada, vibrante, calorosa e zombeteira. É assim que ele "goza" dos teólogos que, em vez de refletir partindo dos próprios textos da Escritura, excitam-se sobre glosas tiradas das glosas dos tratados de teologia, que se pode classificar de querelas "bizantinas". More escreveu a Dorp: "Erasmo [...] disse adeus às vossas questõezinhas, como farás um dia a ti mesmo". Ele o incita a não perder seu tempo e a empurrar para bem longe a provocação irônica.

> Que os gramáticos se abstenham de censurar todas as ciências. Que eles fecundem uma nova teologia e venha à luz um dia como o ridículo ratinho da fábula gerado por uma montanha. Ainda temos precisão de universidades? [...] Pensava bem o grande Jerônimo de Praga (que há um século criticou a degenerescência da Igreja) depois que as universidades passaram a prestar à Igreja de Deus o tanto de serviços que presta ao diabo.

A carta a Dorp expôs longamente como distinguir as teologias genuínas, como os padres da Igreja, das pseudoteologias, até mesmo dos teólogos falsos. Para esses últimos é legítimo que se atualizem ou serão forçados a deixar o magistério.

More não só não se esquece de manifestar sua afeição a Erasmo, como também sua benevolência, tingida de humor por Dorp, no trecho seguinte:

> [...] a ti, estou certo disso, que nada fizeste por maldade – na realidade, o grande Erasmo é muito grande para que possas colocá-lo no trono. Mas, porque te amo e tenho cuidado pela tua reputação, quis chamar tua atenção sobre os pontos que dão a esses que conhecem mal a modéstia e cândida sinceridade da tua alma, ocasião para imaginar que és extremamente ávido de fazer-te um nome e secretamente cioso da glória do outro.

Numa segunda parte, Thomas More demonstra que é bom e mesmo necessário trabalhar sobre os manuscritos mais antigos que têm mais chance de não ter sido modificados. Uma tradução do Novo Testamento, a partir dos mais antigos manuscritos conhecidos, favorece melhor abrangência do Evangelho do que todos os tratados de sofistas e outros lógicos, bem afastados da Escritura. Finalmente, ele argumenta a favor de *Moria*, cujo enorme sucesso junto às pessoas cultas, com já sete edições em seis anos, permite compreender por que esse texto excitou a bílis azeda de teus teologozinhos (*sic*) de terceira classe.

Essa carta prossegue fazendo alusão a outros escritos de Dorp, que, anteriormente, por justo motivo, mexeu nas erratas de certos clérigos. More termina pedindo a Dorp para não hesitar em responder-lhe, dizendo francamente o que não entendeu na sua missiva.

Reconhecendo a legitimidade dos argumentos contidos nessa carta, Martin van Dorp concordou imediatamente com Erasmo sobre o que se deve pôr à mostra, pois é coisa rara tal retirada em polêmicas análogas. Dorp chega até a inaugurar um curso sobre São Paulo (apóstolo), na Universidade de Louvânia, retratando seus pontos de vista antierasmo. Em dezembro de 1516, Thomas More vai agradecer-lhe pela sua completa e expressa retratação.

VOLTA PARA LONDRES

Numa carta de 1516, More fala de sua família. Expõe que a encontrou com alegria após vários meses de ausência. Participa ao seu amigo e confidente Erasmo das suas reservas, já evocadas em *Utopia*, sobre uma eventual função a serviço do rei. As dificuldades inerentes a tal dependência são, conforme seu hábito, apresentadas com humor. Fala de sua embaixada em Flandres, lembrando o que lhe

4. Primeiros passos na vida pública e celebridade literária (1515-1518)

interessou, e sobre seus diversos problemas e compromissos financeiros que ela lhe causou.

> Da minha parte a função de embaixador jamais me sorriu totalmente. Ela não parece nos convir, tanto a nós leigos como a vós padres. Em primeiro lugar, não tendes esposa nem filhos em casa, ou melhor, vós os tendes em toda parte. Nós, se nossa ausência é um pouco demorada, somos interpelados incontinente pelo desejo de ver nossa mulher e nossa criançada [...]. Eu, quando me ausento, tenho duas famílias para alimentar: uma comigo e a outra fora. Com muita generosidade o rei me deu do que prover as necessidades daqueles que levei comigo, dos contratados, mas dos que ficaram em casa durante esse tempo, ele não fez conta. Ainda bem que conheces aquele marido descabeçado, aquele pai indulgente, aquele mestre adocicado que sou eu e não pude conseguir dos meus nenhum pequeno esforço para ficar em jejum por minha causa até meu retorno ao lar [...]. Devo dizer que, ao voltar, o rei me concedeu uma pensão anual cuja importância, sob o ponto de vista da honra, como também do proveito, não é para se desprezar. Portanto, recusei até o momento, e tenho a impressão que vou continuar recusando. Se aceito, ele põe em jogo o posto que ocupo atualmente em Londres [More continua subxerife]. É o que prefiro a todos os outros, seja melhor ou não, pois me caberia ou resignar-me a aceitar ou ainda, o que não gostaria por nenhum preço, conservá-lo sabendo que meus concidadãos podem se ofender. Se surgisse qualquer dificuldade com o príncipe a respeito de negócios, o que acontece às vezes, eles me achariam menos imparcial, menos leal com eles, porque estaria ligado ao príncipe para os acertos anuais.

O risco dos conflitos de interesse, expresso no fim dessa passagem, na qual se poderia suspeitar se tratar de parcialidade para favorecer sua carreira, é um gesto exemplar de retidão moral de Thomas More, muito raro no seu tempo – e sem dúvida também no nosso. Jamais algum dos adversários mais nojentos chegará a denunciar este homem íntegro que se opõe ao "acúmulo de mandatos".

Thomas More retoma então suas atividades de advogado, subxerife e professor de Direito. Em fevereiro desposa Maria Alice Milddleton, sua enteada. Em junho é nomeado conselheiro jurídico da comissão que deve fixar os preços dos gêneros alimentícios. Erasmo, que passa um mês na Inglaterra (seu último passadio), fica com More uns 15 dias antes de ir ter com John Fisher, bispo de Rochester, na conquista do continente [...]. Justamente antes da partida de Erasmo de Rochester, Thomas More se dirige até lá para lhe dar seu adeus.

Agora More acha tempo para terminar a redação de *Utopia*, cujo manuscrito ele envia a Erasmo em setembro. Esse período, com os acertos da sua publicação, é marcado por um numeroso intercâmbio epistolar entre More e aqueles que estão interessados em sua futura obra. Um correspondente de Erasmo, certo *Le livre*, surge em dezembro de 1516.

O início do ano de 1517 é bastante calmo para Thomas More. Ele distribui seu tempo entre convívio familiar, diversas missões municipais e agradecimentos aos numerosos correios de felicitações recebidas por sua obra *Utopia*, cujo rápido sucesso acarretará novas edições, primeiro em Paris e, depois, as duas versões aumentadas de 1518 para Bâle, com Froben, e Florença. Para ilustrar esse sucesso, um secretário de Carlos V, Guy Morilon, escreve a Erasmo, em fevereiro de 1517, menos de dois meses após o lançamento da obra, dizendo que seu mestre deu-lhe ordem de ser, em sua ausência, o decano de *Utopia*. No mês seguinte, Erasmo escreve a More: "Mande *Utopia* [em vista de sua reedição corrigida] quando possível. Há um magistrado aqui em Anvers que gostou tanto que a decorou".

As edições sucessivas de *Utopia* ativam a difusão rápida de livros na Europa letrada do século XVI, resultando uma verdadeira revolução que acelera o desenvolvimento da imprensa, bastante comparável com a revolução provocada pela internet nos nossos dias.

Quanto às atividades municipais do More, elas estão muito ligadas à vida londrinense. Ele ocupa-se com questões de dízimos, pesos e medidas, de arbitragem entre os paroquianos de uma igreja e, por exemplo, as corporações de seleiros. Contudo, é chamado a ajudar em um evento marcante.

Primeiro de maio, feriado; os aprendizes e jornaleiros de Londres (operários diaristas, os CDD [contratos com duração determinada] da época entregam-se a violências contra os estrangeiros que vivem na capital. Esse dia, chamado "evil may day" (mal de maio) é o ponto culminante de 15 dias de agitação, iniciativa de certo John Lincoln, corretor. Os estrangeiros, cada vez mais numerosos, são tidos como intrusos que não deixam mais espaço para os ingleses e exploram a mão de obra em más condições. Assiste-se a pilhagens e saques das casas ocupadas por estrangeiros, como também "vias de fato" às pessoas. O Conselho Real, sabendo que Thomas More é respeitado pelo povo londrino, pede-lhe que intervenha a fim de acalmar os ânimos. Seu apelo à razão permite-lhe restaurar certa calma. A ocupação da cidade pelo duque de Norfolk, com mais de mil pessoas armadas, faz cessar definitivamente a agitação. No entanto, a época é brutal, pois no dia 6 de maio John Lincoln é enforcado. Thomas More é convocado então pelos londrinenses a ser o mediador entre uma delegação municipal encarregada de implorar a clemência e o rei. Por aí podemos medir a confiança que os habitantes tinham nele, agora que Thomas More acabava de ser nomeado representante do Conselho Real, encarregado de pacificar a cidade. O rei Henrique VIII, sensível a esse pedido de perdão, apoiado pela rainha Catarina, concedeu clemência a 400 prisioneiros.

4. Primeiros passos na vida pública e celebridade literária (1515-1518)

A rainha havia prorrogado a sorte trágica que resultaria na condenação de suas esposas e de seus filhos. Thomas More, impressionado com essa revolta, volta a comentar num escrito de 1533, *The apology* (*A apologia*). O autor declara que se lembra frequentemente desse levante popular, que custou a vida de diversos aprendizes e diaristas por crime de traição. Ora, os iniciadores eram dois jovens ávidos por violência contra os estrangeiros.

A semelhança da agitação popular londrinense no início do século XVI contra os estrangeiros e as atuais reações racistas do Ocidente europeu é chocante.

Tudo parece ir bem para More e os que se encontram com ele. Os elogios a ele não se esgotam. Os cuidados de Thomas More são os de um esposo e de um pai cujos membros da família, assim como ele, sofrem, atentos à epidemia chamada "suette" (doença infecciosa), que, só em Oxford, provoca a morte de mais de 400 pessoas. Ele se preocupa também com seu amigo doente da Antuérpia, Pierre Gillis, e sua esposa, Margarida, que sofre um aborto espontâneo. More espera com impaciência um quadro, um díptico representando seus amigos Erasmo e Pierre Gillis. Essa impaciência é partilhada por Erasmo, que escreve a Pierre Gillis: "Insista junto ao Quentin (Metsys) para que termine seu trabalho. Quando terminar, eu me apressarei em mandá-lo para a Inglaterra". Erasmo pôde, enfim, escrever a More: "Estou enviando-te os quadros. Assim estaremos presentes ao teu lado, se o destino nos tirar da tua amizade. Pierre pagou metade, e eu, a outra; não que cada um de nós não estivesse disposto a pagar por tudo, mas queremos oferecer-te comunitariamente esse presente". E vejam como More agradece a Erasmo e a Pierre Gillis o presente, que bateu diretamente no coração. A amizade, que tem tanto espaço na vida de More, se exprime sem reservas:

> Mui caríssimo Erasmo [...] o extremo prazer que eles me causam, teu retrato e o de nosso caro Gillis, é mais fácil sentir do que expressar [...]. Tu não me acreditarias, Erasmo bem-amado, quanto teu desejo, além de me ligar ainda mais estreitamente contigo, fez aumentar minha afeição por ti, à qual – já me havia persuadido – nada poderia ser acrescentado, nem o quanto me ufano de ser estimado por ti, a ponto de proclamares, por uma tão excepcional lembrança, que não existe mais ninguém a quem darias preferência com tua amizade... Tu me enviaste esse quadro para que tua lembrança me acompanhe, não somente dia a dia, mas, sim, hora a hora...

A carta de agradecimento que More enviou a Erasmo não foi colada (fechada), pois o que ele diz ao amigo pode e deve ser partilhado com Gillis. More, antes e mais que agradecendo, está preocupado com a saúde de Pierre Gillis: "Meu caríssimo Pierre, salve! Eu estou ardendo, a ponto de fazer dó, ao saber que estás melhor; tua convalescença não me tem menos no coração do que qualquer outro caso de interesse pessoal [...]".

51

Os versos escritos por ocasião da chegada do díptico são destinados igualmente a seus dois amigos. Os quatro primeiros versos celebram a amizade que une todos os três:

> Assim como Pollux e Castor foram grandes amigos,
> Hoje, a meu ver, são Erasmo e Gillis.
> Mas o que pesa é a separação pela distância de
> quem o amor uniu.
> Entretanto, estão tão próximos como se ambos fossem
> um só coração.

A carta inclui um novo elogio ao pintor: "Meu caro Pierre, nosso Quentin Metsys representou tudo às mil maravilhas". E a carta termina com algumas palavras simples: "Comporta-te bem, assim como tua esposa tão encantadora". More traz sempre em sua correspondência votos muito amáveis com as esposas de seus amigos.

Esses dois retratos, trabalhados pelo pintor da Antuérpia, Quentin Metsys, destinados a More, chegam em setembro, não mais na Inglaterra, mas em Calais, para onde More é enviado em missão.

Calais

Com efeito, o carisma de Thomas More atrai mais e mais a atenção do poder que em agosto foi encarregado de uma missão comercial de conciliação. Constrangido a obedecer, More expressa de Calais suas condolências ao caro Erasmo. Lamenta ter deixado sua família convalescente agora que ele havia se prevenido contra a epidemia de "suette" (doença infecciosa), que chegara a Calais. E, sobretudo, sofreu uma pressão muito forte para assumir o serviço do rei. Céus! A comissão real encarregada desse caso foi criada pelo correio de 26 de agosto, mas não vingou como apareceu no correio, em latim, tendo como membro da comissão do rei Henrique VIII o chanceler Wolsey. Uma requisição em francês assinada, entre outros, por La Fayette (talvez um antigo membro da revolução francesa de 1789) a favor de comerciantes de Dieppe (comuna francesa) endereçada a Wolsey. Nesse texto lamenta que os comerciantes se queixem de um ato de pirataria que veio de encontro a eles, reclamando perdas e danos. Mas, por outro lado, os marinheiros ingleses se queixam porque o referido barco tinha sido, de início, pirateado pelos marinheiros de Dieppe. O interesse, aliás medíocre, de tais litígios explica por que More detesta essa missão, o que revela a Erasmo sem rodeios:

4. Primeiros passos na vida pública e celebridade literária (1515-1518)

> Eu aprovo tua decisão de não queres impetrar nos atravessadores as bagatelas do príncipe: e tu te mostras verdadeiro quando desejas o que eu não tenho, pois não poderias crer até que ponto eu me encontro engajado, malgrado da minha parte. E ninguém pode ser mais odioso do que esta embaixada. Pois me relegaram, a mim mesmo, num pequeno forte marítimo (Calais), num sol e num céu aborrecidos. Desde então, no meu país estou experimentando já, por temperamento, um santo horror por esse processo mesmo quando me trazem algum proveito. Até quando me deixam desgostoso aqui, mesmo que tenham de lamentar uma perda.

Os negócios não melhoram: More e seus colegas escrevem no começo de novembro a Wolsey para explicar que as leis francesas são incompreensíveis e estão a ponto de perder seu tempo. Tal posição é confirmada claramente alguns dias depois numa outra carta, sempre em francês – língua que More dominava perfeitamente –, endereçada aos membros da delegação francesa instalada em Boulogne-sur-Mer e aos outros membros, reenviando os pretendentes franceses para seus "queridos estudos". Durante o tempo "neutro" dessa missão, Thomas More redige uma abundante correspondência com Erasmo. Ele mesmo poderá encontrar-se durante dois dias com Saint-Omer, Jean Vitrier, franciscano a quem Erasmo, em 1521, dedica um verdadeiro panegírico. Finalmente More volta para casa em dezembro, sem sabermos se a missão foi ou não coroada de êxito. Estará com os seus por ocasião do Natal.

Os três anos que terminam permitem a More fazer conhecer seus talentos de diplomata, de escrivão e amigo indefectível. Mas vai começar uma vida nova para ele, pois o rei, que o quer a seu serviço, o nomea conselheiro real, com ordenado de cem liras por ano.

5. A SERVIÇO DO REI E VIDA FAMILIAR (1518-1520)

Como conciliar o serviço ao rei com a vida em família? Esse é o desafio que Thomas More deve enfrentar agora. O rei Henrique VIII decide ater-se exclusivamente aos seus serviços e, na Inglaterra de 1518, é praticamente impossível não obedecer a tal injunção. Como a vida de More é, a partir dessa data, ligada intimamente à vida do rei, impõe-se dizer algumas palavras sobre Henrique VIII.

A verdade histórica nos proíbe falar desse rei, unicamente como de um Barba-Azul com seis mulheres, entre as quais, uma repudiada e duas assassinadas "legalmente".

Em 1518 Henrique VIII já reina desde os nove anos. Sua coroação e a da rainha Catarina foram aclamadas por toda a Europa, particularmente a dos letrados. De fato, suas qualidades intelectuais estavam sintonizadas com as expectativas e exigências dos amantes das belas artes. Seu conhecimento do latim, da teologia e dos textos dos antigos diziam aos letrados que a Inglaterra era o reino ideal em que os estudos iriam se expandir e suscitaria um efeito cascata. A formação do rei havia sido apoiada muito mais do que era de costume: Na verdade, inicialmente, ele não deveria reinar, exprimindo seus talentos em outras áreas. Tanto que, como caçula, estava destinado a uma carreira na Igreja, talvez arcebispo e cardeal! Como acontece no começo de um reinado, o povo não viu nele senão qualidades intelectuais e físicas. Talvez tivesse sido mais prudente tomar consciência de que, desde sua chegada ao poder, empregasse a força satisfazendo em tudo as expectativas populares. Apenas alguns dias após a sua subida ao trono, o rei mandou trancar na Torre de Londres Richard Empson e Edmund Dudley, os dois ministros mais impopulares da era de seu pai, por terem imposto tachas pesadas ao povo. Foram acusados de alta traição e decapitados alguns meses depois. A mudança operada entre a mesquinhez do seu pai Henrique VII e o fausto empregado pelo novo rei e sua corte, encantava a população, que não se dava conta de que o esbanjamento do dinheiro levava o rei a encontrar novas receitas, tanto mais que as guerras contínuas já agravavam o orçamento do reino. O rei queria também acercar-se de homens de valor, como seu chanceler Thomas Wolsey e Thomas More. Wolsey ficou surpreso com a independência de espírito deste último, mas apreciava suas qualidades morais e intelectuais, como também sua habilidade diplomática e seu fino conhecimento do Direito. Essas características não escaparam ao embaixador veneziano, que escreveu em fevereiro de 1518 ao doge de Veneza que More foi designado por Wolsey para acertar o litígio anglo-veneziano com respeito aos direitos sobre o vinho. Na verdade, receia que essa nomeação não seja confirmada, porque More é conhecido pelo seu apego à justiça.

Thomas More, nomeado conselheiro real em setembro de 1517, vai, assim, iniciar uma nova carreira. Se aceitamos acreditar no que disse a seus próximos, e evidentemente a Erasmo, isso não o atrai, pois, em *Utopia*, ele já sublinhava a dificuldade em se opor às vontades de um rei, quando não se partilha de seus pontos de vista. Os conselheiros íntegros são raros e, muitas vezes, contraditados pelos conselheiros/cortesãos. Numa carta a John Fisher, bispo de Rochester, logo que assumiu a nova função, More escreveu com alegria e prudência:

> É bem a contragosto que cheguei à corte (como cada um sabe) e é assim que o próprio rei, por brincadeira, gosta às vezes de me censurar. Chego a sentir o meu lugar, também pouco seguro, como um cavaleiro inexperiente em sua sela. Mas o rei (de quem estou longe de apreciar o favor especial) é tão cortês e tão amável com todos, que cada um dos que de algum modo esperam alguma coisa, encontra uma razão para imaginar que está nas boas graças do rei. Nós pensamos nas mulheres de Londres que, quando rezam diante da estátua da Virgem Mãe de Deus ao lado da torre, olham para ela de tal maneira que imaginam que a Virgem está sorrindo para elas.

Erasmo escreve a um de seus correspondentes: "[...] More está totalmente tomado pelos afazeres da corte, infinitamente ao lado do rei do qual é secretário [...]". Numa carta ao bispo Tunstall (aquele que havia autorizado o casamento rápido de Thomas More), Erasmo diz: "Se ele faz o elogio da corte de Henrique VIII, passadio de musas, entenda: eu sei que (More) preferiria rir e brincar do que ser transportado por cima das cabeças numa sedia curial – como hoje se diria – 'elevado acima do comum dos mortais'. Tudo isso não agrada Thomas More, que ama a vida familiar. Seu equilíbrio pessoal se rompeu quando se distanciou de sua família, de modo especial de seus filhos, cuja educação ele sempre fez questão de acompanhar de perto".

VIDA FAMILIAR

Cada vez que More pode estar com a família em Chelsea, ele chega a dizer ao rei que não se sente bem e deve deixá-lo para ir sonhar – Thomas More participa plenamente

5. A serviço do rei e vida familiar (1518-1520)

da vida cotidiana dos seus. Essa vida se assemelha bem de perto com aquela que ele preconiza em *Utopia*. Com efeito, a família More se encontra regularmente cada dia e o dia todo para os momentos fortes, que são o repasto e os tempos de oração. Para More, a juventude deve acolher os princípios pedagógicos, beneficiar-se com exemplos de vida, mas, também, apropriar-se de novos conhecimentos no campo do saber. A aprendizagem precoce do latim, para empregá-lo nos relacionamentos cotidianos, orais ou escritos, é uma boa ilustração, como explica Hythlodée (More em *Utopia*):

> Os idosos entabulam uma conversa que, embora mantendo-se honesta, falta a ela alegria, espirituosidade. Todavia, cuidam para não ocupar a refeição inteira com seus longos falatórios e gostam de ouvir gente nova. Thomas More aplica um preceito ao qual se atém fortemente, isto é, a mistura das gerações, mas que não chega a ser norma nessa época: eles os provocam mesmo de propósito para provar seu caráter e a vivacidade de seu espírito que se soltam na liberdade da mesa.

A relação direta e íntima entre pais e filhos, pouco em voga nesse tempo, é uma das facetas mais atraente de Thomas More. Tem também para si que os sentimentos podem ser expressos livremente, com o devido limite, sem desrespeito aos pais. Ele mesmo, até a morte de seu próprio pai, será sempre um filho diferente, independente de quais forem as altas funções para as quais será chamado. More não se embaraça perante um "respeito humano" fora de hora, quer se trate de seus amigos, quer se trate de seus filhos. Uma carta que escreveu a seus filhos – em latim, seguramente –, justificando sua ausência por motivos profissionais, expressa sua afeição e ternura sem meio termo:

> Não é de admirar que eu vos amo de todo o meu coração, pois a paternidade é um laço que não deveria ser ignorado [...]. Esse laço é a razão de ser do meu cuidado por vós que ainda não tendes maturidade; um cuidado que me leva muitas vezes a vos tomar em meus braços. É por isso que vos dou guloseimas regularmente; que vos dou belas frutas maduras e peras suculentas. Esse laço explica por que gosto de vestir a vós com roupas de seda; jamais suportaria ver-vos chorando. Reconheceis, por exemplo, quantas vezes vos abracei e quão raramente vos castiguei. Meu chicote era sempre um rabo de pavão. E eu ainda o manejava com hesitação e mansidão para que vossos "traseiros" não ficassem marcados pelas tristes bordoadas. Quem não chora ao ouvir os soluços do filho é um bruto que não merece ser chamado pelo nome de "pai". Nesse momento meu amor cresceu tanto, que me parece não vos ter amado tanto como deveria.

Existem poucos exemplos de um pai que, como Thomas More, ouse declarar tantos sentimentos por quem ele ama, particularmente a seus filhos. Esse pai amoroso, feliz por poder expressar seu amor paterno, manifesta também sua generosidade nestas linhas endereçadas a sua filha Margaret:

> Tu me pedes dinheiro com tanta timidez, mas sabes que diriges a um pai todo disposto a te atender. Entretanto, escreveste uma carta que mereceria duas onças (medida antiga de peso) de ouro por (cada) sílaba. Estou te enviando a soma desejada, mas daria o dobro, se não preferisses me honrar com nova carta de uma filha cuja virtude e saber são tão caros ao meu coração. Assim, quanto mais cedo gastares esse dinheiro, tanto mais cedo mo pedirás de novo, e tanto mais alegria me causarás.

Thomas More atribui grande importância à correspondência com seus filhos. Insiste para que respondam, como se deduz de uma carta escrita da corte, onde ele está retido a serviço do rei, na qual responde alegre e longamente às cartas de seus filhos:

> A afeição que tenho por vós me torna precioso tudo que me escreveis [...]. Espero agora uma nova carta de cada um e vos declaro que não aceitarei nenhuma desculpa vossa, as filhas (John, não tem costume de escrever), por falta de tempo ou por ignorar o horário da saída do correio ou porque não tem nada a dizer [...]. Assunto não vos faltaria quando escreveis para um pai que vos ama tão ternamente e se interessa pela vossa saúde, vossa paz e vossos brinquedos [...]. E, depois, não tendes facilidade para escrever, vós que estais naturalmente prontos para tagarelar e que do nada sabeis contar uma longa história?

Esse amor paterno não lhe permite negligenciar o despertar intelectual dos seus. Até sua entrada no serviço do rei, More assume diretamente como encargo a educação deles. Em seguida, se vê obrigado a fazê-lo através de preceptores. O primeiro d'entre eles, um matemático e geógrafo bávaro, Nicolas Kratzer, chega à casa de More no fim de 1517 – permanecendo ali até o início de 1519. Em 1518 More se junta a um jovem padre mestre-escola, Willian Gonell. Grande inovação para esse século. A mesma educação dada aos filhos, More oferece às filhas. Essa escola surpreende, depois até convence seu amigo Erasmo – sempre um pouco misógino. Com efeito, a paridade no ensino era pouco difundida nesse tempo; o sexo feminino era frequentemente confinado para as tarefas do lar. O que diz Thomas More, longe dele, quando escreve sobre isso a Gonell?

> Eu não penso que a colheita possa ser afetada pelo fato das sementes serem lançadas à terra pelo homem ou pela mulher. Pois o termo "natureza humana" convém tanto a um como ao outro. E é pela razão que eles se distinguem dos animais. Um e outro são formados pelo estudo das letras que aperfeiçoa a razão e a torna fecunda assim como uma terra trabalhada sobre a qual ter-se-ia semeado o grão dos bons preceitos.

Seu humor está sempre presente quando importuna os filhos sobre o progresso em astronomia com seu professor Nicolas Kratzer:

5. A serviço do rei e vida familiar (1518-1520)

> [...] Vossos progressos são tais, disseram-me, que vós não identificais somente a estrela polar ou Sirius ou quaisquer outros luzeiros no céu estrelado, mas que vós vos reconheceis na nomenclatura celeste a ponto de (o que requer um astrólogo tarimbado e consumado) distinguir o Sol da Lua [...]. Continuai nessa bela arrancada. Com vossos olhos sempre erguidos, sonhai também no tempo da Quaresma e que cante nos vossos ouvidos esse belíssimo canto de Boécio, que vos ensina a levantar também vossas almas para o céu.

O projeto pedagógico de Thomas More é inovador: amor às letras e respeito aos dons específicos que Deus concedeu a toda pessoa. More insiste sobre a dupla aprendizagem da Antiguidade pagã e da Sagrada Escritura. No entanto, opõe-se ao conhecimento que "infla", ao orgulho da "sabença", às vezes ligada aos estudos a fim de que, na serenidade e na paz de suas almas, elas (suas filhas) não se deixem levar pelos elogios idolátricos nem se ferir pelas inépcias dos iletrados que ridicularizam o estudo das letras. Essa pedagogia é colocada em prática de maneira rigorosa. E é aceita por todos porque está sempre acompanhada de palavras e gestos de encorajamento, tudo adaptado às necessidades intelectuais de cada um. De fato, se existe um tronco comum de matérias estudadas, algumas são tão somente para alguns de seus filhos. Por isso, aconselhará a Margaret, após seu casamento, a se especializar em medicina e em religião, dois terrenos que irão ajudá-la a realizar a prece de Juvenal: "ter um espírito são num corpo sadio".

Todavia More não esquece o tempo necessário do repouso e da recreação, noções muito trabalhadas na educação dos utopianos. Mas coloca-se também em guarda contra a ociosidade, com seu humor habitual, num de seus escritos (*A ceia do Senhor*, de 1533) diz: "O repouso e a recreação são como molho, que não pode ir além da festa".

Seus princípios pedagógicos contribuíram para moldar a pedagogia moderna, incluindo a aproximação da psicologia das crianças que precisam ser encorajadas. Para More, a pessoa tem o dever de se formar em todas as dimensões, não só intelectual e física, mas também e mesmo espiritualmente antes de tudo. Ele não esquece que o cristão deve se prover de bagagens urgentes que orientem toda a sua vida. É assim que, dentro desse programa endereçado a Gonnell, aconselha-o...

> Que meus filhos coloquem a virtude em primeiro lugar e a ciência em segundo, e que nos seus estudos eles estimem grandemente tudo o que pode lhes ensinar do melhor

> modo possível a piedade para com Deus, a caridade para com seu próximo e para com eles próprios, a modéstia e a humildade cristã. Será assim que eles poderão obter de Deus a recompensa de uma vida inocente e, nesta espera segura, eles não irão encarar a morte com temor; antes de chegar este dia, firmemente confirmados na alegria, eles não serão jamais tomados pelo orgulho das vãs louvações dos homens nem tomados por seus propósitos iníquos.

Para More a oração é e sempre será o primeiro recurso para a edificação espiritual do ser humano. Após sua permanência de quatro anos com os monges cartuxos, a oração tornou-se um componente essencial de sua vida. Além desses três longos anos de oração pessoal e leitura dos textos sagrados, três a quatro horas por dia, pois a oração fazia parte integrante da educação do cristão, ela deve ser acompanhada pelos atos da vida familiar cotidiana. Quando não é o rei a presidir, More preside as orações em comum:

> Sir Thomas More tinha o costume de, a cada dia, quando estava em casa, além das orações particulares, recitar com seus filhos os sete salmos penitenciais e a ladainha com os sufrágios (pelos mortos). Era igualmente seu hábito, à noite, antes de deitar-se, ir à capela com sua esposa, os filhos e a criadagem. E lá, de joelhos, recitar com eles alguns salmos.

No momento do almoço, igualmente, More pede para um de seus filhos ler uma passagem da Escritura, que deve ser curta, como aconselha em *Utopia*, para não enjoarmos; enquanto nas festas de Natal e na Páscoa, todos se levantam para o ofício noturno. Para a família More, a oração é o fio condutor de cada dia. Mas Thomas More está ausente com frequência, pois está a serviço do rei.

A SERVIÇO DO REI

A fim de evitar toda a suspeita de conflito de interesses ou de opções de partido, logo após tomar posse da função, Thomas More remete ao Prefeito e aos Vereadores de Londres sua demissão de subxerife (belo exemplo para nossa época!). Sua nova vida deixou pouquíssimos traços durante os primeiros anos. Citemos aqui e ali algumas de suas atividades:

- Participação na comissão de paz a favor de Kent para a qual é designado ao mesmo tempo que seu pai.
- Organização do combate à peste em Oxford, como representante do rei, devido à citada epidemia (é nesse momento que ele escreve a carta para Gonell [citado acima], sobre a educação a dar a seus filhos).

5. A serviço do rei e vida familiar (1518-1520)

- Redação de diversas correspondências em nome do rei, ou endereçadas ao rei para prestar conta de suas missões.
- Envio de numerosas cartas ao chanceler Wolsey para colocá-lo ao corrente dos sentimentos do rei sobre tal ou qual acontecimento: a eleição como imperador do rei de Castilha, Carlos V, ou, ainda, sobre os distúrbios na Irlanda.

Thomas More deve acompanhar Henrique VIII em seus deslocamentos, pois o rei aprecia seu inalterável humor, alegria e sua inteligência. Sua confiança em More cresce, se bem que este último está em Greenwich, sede da corte de Requêtes, chamada corte dos negócios da gente pobre. More é, sobretudo, designado a acompanhar o casal real à França, em junho de 1520, para a famosa entrevista do "Camp du Drap d'Or" (campo do tecido de ouro), que tem por objetivo formar uma aliança entre Francisco I e Henrique VIII. Com efeito, decepcionado por não ter sido eleito imperador do Santo Império Romano-Germânico no lugar de Carlos V, o rei da França pensa em provocar uma "revanche" organizando esse encontro com seu vizinho inglês.

Já foi dito tudo sobre a exibição de fausto e riqueza dos dois soberanos e de suas cortes. Francisco I, com 25 anos, e Henrique VIII, com 28, são gentis-homens cultos, charmosos e esportivos no auge de sua glória. Querem rivalizar em todos os domínios, mas o projeto de coalizão, após três semanas de torneios e festas, ruinoso para ambos os países, não foi bem-sucedido. Os dois reis estão acompanhados por seus conselheiros e, entre eles, duas inteligências reputadas de seus países: Thomas More e Guilherme Budé. Esses dois homens haviam começado a se corresponder por ocasião do lançamento da edição parisiense do livro *Utopia*, cordialmente prefaciada por Budé. Sabe-se que, para agradecer-lhe, More lhe havia mandado dois buldogues. A partir desse momento torna-se regra geral uma correspondência seguida entre eles, por vezes com a troca de presentes. Como acontece frequentemente com letrados grã-finos, jogam com as palavras. Assim, juntando Budé com More dá o apelido Oximore (o fim do tolo), e Moresofe (o tolo sábio). O lugar do primeiro encontro entre os dois novos amigos, chamado *Vale do ouro*, dará seu nome ao *Acampamento do pano de ouro*, assim designado igualmente por causa do ouro que decorava os tecidos das vestes, os cintos e até mesmo as tendas. John Fisher, que escolta a rainha Catarina, tia do imperador, evocará em um sermão este luxo insensato.

Depois do fracasso da entrevista entre os dois reis, Henrique VIII retornando a Calais, cidade inglesa, prepara-se para acolher o imperador Carlos V como se ha-

61

via previsto, mesmo antes de saber o que adviria dos tratados de "Camp du Drap d'Or". Thomas More faz parte da comissão real, criada para preparar a acolhida do imperador e a renovação do tratado comercial entre a Inglaterra e Carlos V. O encontro acontece no dia 10 de julho de 1520, em Gravelines, e se concretiza com um acordo secreto entre Henrique VIII e o imperador Carlos V – assinado em Calais quatro dias depois. Paralelamente o rei designa More para conferenciar em Bruges com os comerciantes da Hanse teotonique (associação de cidades comerciantes da Europa do Norte).

Mais agradável que essa negociação comercial, a segunda metade do ano de 1520 vê acontecer os encontros entre Bruges, Erasmo e More com dois outros grandes humanistas Juan Luís Vives e François e Cranevelt e More. Alguns meses antes, More já havia convocado o jovenzinho, do qual conhecia os primeiros escritos que "devorou". Sua amizade se desenvolve sobretudo quando Vives, convidado pela sua compatriota Catarina de Aragão, vem à Inglaterra ensinar entre 1523 e 1528. Quanto a Cranevelt (1485-1564), More está sob seu charme e o da sua esposa, Elizabeth. François Cranevelt recebeu uma formação análoga à de More, e, mais, suas funções municipais em Bruges e Malines são da mesma natureza que aquelas ocupadas antes por More em Londres. Uma rica correspondência, da qual uma parte foi encontrada no século XX, permite compartilhar essa amizade e sua intimidade. Cranevelt escreve a Erasmo:

> Não posso deixar de render-te graças [...] pelo benefício que me hás concedido e do qual conservarei eternamente a lembrança. Eu atribuo a ele um tal valor, que não suportaria trocar com as riquezas de Creso "Que benefício" dizes tu. Aquele que me apresentaste a este mui charmoso More, teu amigo, nosso amigo, agora [...].

Do seu lado Thomas More, que muito aprecia o casal Cranevelt, ousa fazer propostas bastante espantosas:

> [...] À tua esposa – dona de casa e mulher para ninguém duvidar – eu desejo uma feliz viagem, e que, após ter ajeitado seus negócios a seu modo, ela volte prontamente. Ainda bem que tu já me escreveste, eu me lembro, que é das coisas mais agradáveis dormir num leito cuja esposa está ausente. Mas isso, como dizem os maridos, é só nas primeiras noites em que esposa está longe. Porque, nas noites seguintes, o desejo desliza furtivamente e, a menos que a esposa não tenha deixado uma substituta, o sono se torna desagradável. A tua, com a prudência que conhece, deve ter levado consigo todos os seus seguidores.

Ou mais surpreendente ainda:

5. A serviço do rei e vida familiar (1518-1520)

> [...] Madame, tua esposa, ou antes tua dama, minha esposa, a quem eu me prometi, na época diante de vós tomá-la por esposa – não me arrependo –, esta dama de primeira linha, com a melhor veste das virtudes que fazem a beleza das mulheres, eu me alegro com seu parto e do recém-nascido cuja família cresce feliz.

O pioneiro dos estudos morenos (Thomas More) Germain Marc'hadour, imaginou no prefácio das traduções dessa correspondência a seguinte situação: François Cranevelt se ausenta quando um visitante se apresenta a ele. Esse visitante não fala o flamengo (!?) mas o latim; e Elizabeth, que fala mal essa língua, poderia pedir ao amigo Thomas, em visita à vossa casa, para servir de intérprete [...]. "E o mistificador notório que é Thomas More pôde fingir de marido para proteger Cranevelt de um importuno. Vai-se pedir no céu a chave dessa ambiguidade."

Evidentemente, outras cartas correspondem melhor ao que se conhece sobre o intercâmbio epistolar entre esses letrados, nas quais lhes agrada poder falar mais livremente do que lhes toca. Isso é porque More, um pouco preocupado sobre o conteúdo assaz livre dessas cartas, escreve a Budé:

> [...] Lembro-me que me perguntaste se podias publicar minhas cartas e se não tinha alguma observação a fazer. Era apenas uma ideia e já esqueci a resposta que te dei. Mas, refletindo, pensei ser preferível fazer uma revisão primeiro. Não somente pelas passagens ou pelo meu latim falho, mas também por causa de minhas observações sobre a paz e a guerra, a moralidade, o casamento, o clero, o povo etc. Pode ser que o que escrevi não seja sempre muito prudente e medido, pelo que é mais prudente não se expor às críticas de "fofoqueiros".

Ao longo desses anos promissores e cheios de encanto para Thomas More, tão apegado à amizade, sempre apareceram algumas preocupações que levaram a numerosos intercâmbios polêmicos, mas também a tentativas de reconciliação entre os protagonistas por parte desse grupo de amigos.

POLÊMICAS

A primeira intervenção de Thomas More que evocaremos é uma repreensão, de acordo com o rei, à universidade de Oxford, sua Alma Mater (sua mãe adotiva). Esta universidade via com maus olhos o atraso dos seus estudos, pois a de Cambridge havia avançado com o estudo do grego.

No fim da Quaresma de 1518, More está com o rei em Abingdon, não longe de Oxford. É da residência real que ele envia uma longa carta aos responsáveis da universidade para reprovar vigorosamente um ataque contra os estudos gregos que é também aquele das belas-letras. A repreensão de More se exprime em dois tempos.

Num preâmbulo muito longo More explica que é um dever de lealdade pessoal com a universidade onde estudou ousar participar-lhes sua preocupação sobre o que veio a saber. Lembra então que os estudantes vão a Oxford para estudar teologia, mas devem começar pelas disciplinas profanas. Ora, o estudo preliminar da filosofia e belas artes é a melhor preparação possível para a teologia. Para a própria teologia é bem difícil estudar sem conhecer o latim e o grego, e mesmo o hebraico, lembrando mais que há bem poucos livros de teologia escritos em inglês.

> Num segundo tempo, ele lembra que:
>
> [...] em teologia, como em todos os domínios do saber, os autores que elaboraram as ideias mais profundas, como também os que as expuseram e transmitiram com grande cuidado, o têm feito do grego [...]. Quanto à filosofia, os autores latinos, exceto Cícero e Sêneca, não nos legaram nada que não seja traduzido do grego. Para não dizer nada do Antigo Testamento, quase todo composto em grego, nenhum dos interpretes, os mais antigos e os mais autorizados [os padres da Igreja] dos livros santos estavam todos em grego [...]. Mais da metade de suas obras não foi traduzida para o latim, e, além disso, nenhuma tradução é como o original.

A carta termina falando da obrigação que os responsáveis da universidade têm de permitir o estudo do grego a todos que pedirem. E, para estimulá-los um pouco mais, More os provoca dizendo que, caso contrário, sua universidade será suplantada pela de Cambridge!

Os outros escritos de More, chamados polêmicos, recebem mais uma vez apoio firme de seu amigo Erasmo contra os que contestam o ideal evangélico deste último, o qual pode e mesmo deve passar para um cristianismo crítico. Nessa época, Erasmo é admirado e adulado, mas também invejado e criticado, seja por haver fustigado os desvios de numerosos membros do clero em seu livro *Moria*, seja por ter ousado corrigir a tradução latina do Novo Testamento, denominado *Vulgata*, única tradução "autorizada". Sua ironia bastante cáustica não acalma os espíritos, e a polêmica infla. Dois clérigos, um jovem padre inglês que termina os estudos de teologia em Louvânia, Edward Lee, e um monge da Cartuxa de Londres, caro ao coração de Thomas More, estão na ponta de suas críticas. Este monge, John Batmanson, pôde ser identificado no século XX. More decide, pois, entrar na história de Lee e Batmanson, mas com objetivos, motivações e meios diferentes.

Para Edward Lee – que não é outro senão o irmão de Joyeuse Lee, a monja Clarissa à qual More havia dedicado sua tradução de *Via de Pico de La Mirandola* – a vontade de acalmar o jogo é clara. More deseja salvaguardar a amizade que tem

5. A serviço do rei e vida familiar (1518-1520)

pelos dois, defendendo Erasmo em tudo. Num primeiro tempo, Edward Lee, que já aguentou as iras deste último, retira-se do combate. Na verdade, a polêmica será retomada mais tarde e vai durar longos anos. Lee será um dos principais adversários de Erasmo e vai fazer-lhe bem.

Como muitos argumentos empregados por More em relação a Lee encontram-se na sua carta para Batmanson, é interessante vê-los mais de perto. É na sua longa resposta a Batmanson feita por correspondência – mas não encontrada –, que More confirma seu apoio indefectível a Erasmo e aos seus trabalhos. Trata-se da ocorrência de um verdadeiro debate, cuja técnica é aquela do advogado profissional que ainda existia até pouco tempo. Depõe contra Batmanson quanto pode. O título com que os editores de 1520 designam esta carta-debate revela por si mesmo: "Carta do ilustre Thomas More, na qual refuta os ataques raivosos de certo monge tão arrogante quanto ignorante". Por falta de um estudo exaustivo no contexto, parece necessário apresentar alguns procedimentos que são específicos dos polêmicos escritos de More:

- Desmontagem minuciosa, argumentos de apoio de todos os ataques, retomando as mesmas palavras utilizadas por Batmanson.
- Avaliação e defesa exatas dos trabalhos de tradução dos textos antigos por Erasmo.
- Demonstração do isolamento deste "certo monge" pelo que Erasmo é reconhecido e parabenizado pelos homens mais respeitados, clérigos e leigos, de seu tempo, e que se inscreve na continuidade dos "padres da Igreja".
- Crítica e denúncia do comportamento perverso de Batmanson, revelador do desvio de muitos monges que esquecem a sua vocação, comparados aos monges, fiéis aos valores evangélicos.
- Denúncia de um desvio supersticioso da oração.
- Utilização de um humor por vezes muito corrosivo, para ridicularizar o adversário com risos maliciosos do seu lado e anedotas saborosas que ilustram o repertório de More.

Embora devêssemos citar os numerosos extratos dessa carta, nos limitaremos a dois entre os que se referem à oração dos monges: o primeiro sobre a oração corrompida (mal feita); o segundo, sobre a oração ideal. No primeiro exemplo, More apresenta o caso autêntico de um abade do mosteiro que negligenciou de tal modo sua missão que se tornou um verdadeiro bandido, a ponto de utilizar pistoleiros para perpetrar seus crimes. Esses assassinos, presos, explicaram a Thomas More que:

> Quando se encontravam com o "bom" religioso e dirigiam-se ao seu quarto, não conversavam sobre o golpe a executar antes que fossem introduzidos no oratório particular para pedir a assistência da Santa Virgem, recitando de joelhos, conforme o costume, uma "Ave, Maria". Só após cumprir devidamente esse ritual, eles se levantavam puros e devotos, prontos para executar seu inominável trabalho.

O outro exemplo mostra, em contrapartida, o profundo respeito de More por uma vida monástica autêntica e a importância para o mundo da oração dos monges:

> Vossa intercessão [isto é, dos monges], da minha parte estou convencido: alivia consideravelmente a miséria do mundo. Se, de fato, a oração perseverante do justo tem um grande poder, quanta força deve possuir a oração incansável de tantos milhares [...].

Eis que chega a vez de Erasmo vir ajudar More na polêmica contra Français Germain de Brie. Quais os motivos da disputa? Trata-se, na verdade, de uma história antiga, cuja origem remonta a uma batalha naval entre ingleses e franceses, que teve lugar em 1512. O capitão bretão Hervé de Porzmoguer morreu heroicamente no incêndio de seu navio *La Cordelière*, por ocasião de um combate singular contra a fragata inglesa *La Régente*. Germain de Brie era um erudito e fino conhecedor do latim e do grego, formado na Itália. Ele vinha de onde estivera a serviço d'Anne da Bretanha, a quem dedicou em 1513 um poema épico "O incêndio do navio de guerra La Cordelière" (L'embrassement du vaisseau La Cordelière), valorizando o heroísmo devido ao comandante francês em detrimento do inglês. More, irritado por causa desse poema, como muitos de seus compatriotas, destacando o combate heroico e singular de um capitão francês e ridicularizando a esmagadora vitória inglesa, mandou espalhar uma série de folhetos contra De Brie. Este se levantará dando início a uma longa discussão entre os dois homens. Se esta discussão pudesse se justificar desde o começo pela repercussão do combate naval nos seus respectivos países, acabaria por nutrir-se de si própria.

Por essa ocasião, Erasmo havia escrito em 1517 uma primeira mensagem para De Brie a fim de tentar apaziguar os ânimos. No momento de publicar seu poema satírico contra Thomas More, "l'Antimorus", De Brie encontra-se com Erasmo em Paris, nos fins de 1559, com Guillaume Budé. Germain de Brie explica então que é muito tarde para renunciar a esta publicação, afirmando que ele nunca recebeu correio de Erasmo e o panfleto fora publicado em janeiro de 1520. More, irritado,

5. A serviço do rei e vida familiar (1518-1520)

manda imprimir este "l'Antimorus" em Londres no mês de abril, ajuntando a ele sua replica viva. Erasmo intervém de novo pedindo a seu amigo para não jogar ao vento sua diatribe. Na resposta, More mostra que sabe ouvir a voz amiga de Erasmo. Após explicar longamente a Erasmo seu ponto de vista sobre os erros de Germain de Brie nesta querela, More lhe comunica que, dos sete exemplares, deu dois, vendeu cinco e comprou em bloco toda a tiragem que guarda a chaves. "[...] pois, antes de propor novo gesto, vejo o que posso, ou melhor, o que podes decidir sobre o que devemos fazer". More declara que ele está pronto para conciliar sua amizade com De Brie. "[...] pois Erasmo está pedindo, acrescentando que tua cortesia por mim me guie. E, para falar com franqueza, estou tão longe de o repelir que, agora que minha bílis está limpa, eu me afeiçoo a ele também por amor às belas-letras [...]. Eu vi que tu, meu caro Erasmo, és por mim mais que a metade do meu ser; tua amizade por De Brie terá mais peso a meus olhos do que tua intimidade por mim. Ainda uma vez, fica em paz e bem".

Com dificuldades, Erasmo e Guillaume Budé chegam, após um ano ou pouco mais, a enterrar o machado de guerra contra De Brie. Se a narrativa dessa polêmica não tem em si grande interesse, é um exemplo suficiente para as disputas desses humanistas que encontramos entre os letrados de todas as épocas. Mas ela mostra também justamente até onde More pode ir, sacrificando seu amor-próprio para responder ao apelo do amigo.

Antes de abordar outros conflitos, com consequências muito mais graves, compreende-se, com a narrativa dessas escaramuças, que elas são um reflexo da violência desse início de século. Infelizmente tais violências vão muito além das agressões verbais, quando chegar a cena político-religiosa de Lutero, cujo conflito com o papado ainda se iniciava.

6. DEFENSOR DO REI HENRIQUE VIII CONTRA OS ATAQUES DE LUTERO (1521-1523)

O acontecimento marcante desse período é o conflito entre Lutero e o papado. A partir de 1517 Lutero, escandalizado pelo comprometimento do cardeal Mayence na venda de indulgências, havia escrito suas 95 teses, chamadas "Thèses de Wittenberg", condenando a prática das indulgências. O que foi colocado na causa por Lutero não estava muito longe das críticas formuladas por Erasmo e More contra os desvios da Igreja, se bem que sua primeira reação sobre Lutero não fora desfavorável. Sem ser preciso analisar em detalhes tais teses, pode-se afirmar que muitas d'entre elas são plenamente partilhadas pelos católicos do século XXI, particularmente aquelas em que Lutero insiste numa contrição sincera do pecador ou numa assaz de grande importância no cumprimento das obras de caridade.

A concepção de Erasmo e More sobre a autoridade espiritual não temporal do papado é também a de Lutero – monge, teólogo e professor na universidade de Wittenberg. É por isso que More, jurista, não admite que seu país possa estar sob a tutela temporal do papa. Numa de suas obras, *La supplication dês ames*, lançada em 1529, ele fará lembrar esta posição:

> Foi dito, segundo alguns historiadores, que o rei Jean [João sem terra – 1167-1216] tornou a Inglaterra e a Irlanda tributárias do papa empenhando tanto a Inglaterra como a Irlanda tributárias do papa e da Sé Apostólica. Comprometendo-se a pagar mil marcos (pelo que foi lançado um interdito ligado à expulsão de monges), respondemos que isso é falso, e que Roma inteira não pode exibir um tal compromisso. E, mesmo que pudesse, isso não teria nenhum valor, pois cada rei da Inglaterra, mesmo que quisesse, não teria nenhum poder de doar algum dom de seu reino ao papa nem de tornar seu país tributário.

O tom apaixonado, tanto de Lutero como dos representantes da Igreja, exacerba os debates. As críticas justificadas de Lutero, partilhadas pelos humanistas dessa época são rejeitadas pelas autoridades eclesiásticas. Com efeito, é necessário dar conta de que essa denominação de tráfico das indulgências é também uma reprovação do poder absoluto do papado. Todavia, é prudente lembrar que, até o aparecimento dos escritos posteriores de Lutero (1520), o papa Leão X fez diversas tentativas de o receber no seio da Igreja. Mas, depois do seu encontro em 1519 com Jean Eck, vice-chanceler da Universidade de Ingolstadt, Lutero vai mais longe ainda rejeitando o primado romano e a autoridade dos concílios, rejeitando todo dogma, negando a existência do purgatório e aceitando como autoridade, em matéria de fé, somente a Escritura. Enfim, em 1520, Lutero publica seus primeiros escritos reformistas, o que acarreta sua excomunhão em janeiro de 1521.

Henrique VIII e Lutero

O desenvolvimento da imprensa permite uma difusão rápida das ideias de Lutero numa Inglaterra até então fiel ao catolicismo. Isto semeia perturbação nos espíritos e as autoridades os condenam imediatamente. É assim que, a partir de 1521, uma grande reunião de mais de 30 mil pessoas se coloca ao lado da catedral de São Paulo, é presidida pelas mais altas autoridades do país para ouvir um sermão de John Fisher, bispo de Rochester, que refuta Lutero em nome da Igreja da Inglaterra e o trata como herético. Seus livros são queimados, sua importação é interditada como também a possibilidade de ensinar suas doutrinas. Ao mesmo tempo o rei Henrique VIII intervém diretamente redigindo um livro publicado em 1521 para tomar a defesa da fé, do papado. Quais eram as motivações do rei? Parece que, fora da real sinceridade do seu acatamento à Igreja, ele esperava ver reconhecidos seus méritos pelo papa fazendo-se "condecorar" com um título semelhante ao dos "reis católicos" da Espanha e dos cristianíssimos, "reis cristãos" da França. Fica bem fazê-lo após a publicação da sua *Defesa dos Sacramentos contra Martinho Lutero*, depois que o papa Leão X confere a Henrique VIII o título de "Defensor da Fé".

Contrariamente ao que por vezes foi dito, esse livro foi redigido pelo próprio rei, ajudado pelos eclesiásticos do seu círculo, que lhe forneceram as referências bíblicas e patrísticas de que precisou. Thomas More, próximo do rei, intervém também na redação, opondo-se ao rei ao qual faz observar que dá, no livro, um poder temporal anormal ao papa, que ele poderia rejeitar se algum dia tivesse um litígio com o papado. O rei não o seguia mais e, por isso, More não sabia mais o que dizer, pois, como veremos, alguns anos mais tarde a relação entre Roma e Inglaterra será rompida. Tal obra não trata, pois, só dos sacramentos, mas também das indulgências, dos concílios e do papado. Sua tonalidade, como tantos escritos dessa época, é muito violenta. Henrique VIII não hesita em qualificar Lutero de víbora lúbrica, sapo venenoso etc. Paralelamente, em janeiro

6. Defensor do rei Henrique VIII contra os ataques de Lutero (1521-1523)

de 1523, o rei envia uma mensagem aos duques da Saxônia para colocá-los de sobreaviso sobre o perigo político e social representado por esse turbilhão que se recusou a se retratar por ocasião da dieta de Works (reunião para o novo imperador Carlos V, dos Estados do Santo Império Romano Germânico) na presença do legado do papa.

A resposta de Lutero em setembro de 1522 não se fez esperar, e ele é ainda mais violento. Os termos que usa, em relação ao rei são, não só injuriosos, mas grosseiros também, até escatológicos:

> Se um rei da Inglaterra me cospe no rosto suas afrontas mentirosas, eu tenho o direito por minha vez de fazê-las entrar pela sua garganta. Se ele blasfema contra minhas doutrinas sagradas, se eu atiro meus excrementos na coroa do meu monarca e do meu Jesus Cristo, por que ele se espanta se eu lambuzo de modo semelhante seu diadema real e se proclamo que o rei da Inglaterra é um mentiroso e um ladrão?

Não querendo se abaixar para continuar esse pugilato, o rei pede a Thomas More e ao bispo John Fisher que redijam um tratado teológico "Refutation des affirmations luteranas", desenvolvendo os temas tratados na "Defense des sept Sacrements".

A vida de More antes da sua "resposta" a Lutero

Thomas More, fiel e leal conselheiro do rei, prosseguiu com sua brilhante carreira. Assim, foi feito cavaleiro em 1521; o ministro das finanças do reino e o rei o encarrega novamente da edição de sua "Défense des sept Sacrements". No momento em que a confiança do rei em relação a More cresce, este não esquece jamais os seus, como aparece em algumas cartas que foram encontradas. Sua presença junto ao rei o obriga a passar por escrito sua preocupação com os seus, não somente o cuidado com a educação, mas também sua ternura.

O casamento da sua filha mais velha na primavera de 1518 com William Roper, jovem jurista de talento que passa a viver na casa de More depois de 1521, não interrompe suas ocupações. O casamento de Margaret, que não tem 16 anos, com o filho mais velho do antigo professor de Direito do pai de Thomas More, corresponde aos desejos das duas famílias. More deseja que o jovem casal resida em seu domicílio, tendo em conta a juventude de Margaret, sem impedir que passe as noites com seu marido. E More continua a escrever, em latim, à sua queridíssima filha, encorajando-a a continuar os estudos:

Thomas More

> [...] Como consequência estou radiante ao ler que, finalmente, tomaste a decisão de consagrar-te com tanto ardor ao estudo da filosofia para compensar, pela tua determinação futura, o que não alcançaste, não por negligência, no passado. Minha querida Margaret, eu nunca te vi ociosa – são testemunhas teus conhecimentos fora do comum a propósito de toda a sorte de literatura que não cessas de expandir –, se bem considero teus propósitos como um exemplo de grande modéstia que te faz preferir acusar-te de preguiça em vez de te gloriares de diligência, que é o mais certo. A menos que não queiras dizer que tu vais dedicar-te tanto e tão bem ao estudo, que teus esforços anteriores, em comparação, deram a impressão de ter havido indolência. Se este é realmente o sentido de teus propósitos, minha Margarida, e estou convencido disso, nada saberá me alegrar tanto ou parecer mais feliz por causa de ti, minha filha querida. Espero de todo o coração que dedicarás o restante da tua vida à ciência medica e à leitura dos textos sagrados para que estejas bem armada perante todas as situações da vida (isto é, ter uma mente sadia num corpo sadio); sabendo eu que já estabeleceste as bases destes estudos, a ocasião sempre se apresentará para prosseguir nesta construção. Portanto, já tenho na ideia que poderás encontrar grande vantagem dedicando alguns anos da tua juventude ainda florescente [como dito, Margaret está com 16 anos] ao estudo das belas-letras humanistas e à cultura em geral [...]. O tempo da juventude apresenta mais aptidão para lutar com a dificuldade, pois não se tem garantia de que possas no futuro beneficiar-te com um professor atento, afetuoso e erudito [...]. Adeus, minha filha querida, e saúde para teu marido, meu filho bem-amado.

Pouco tempo após seu casamento com Margaret, Willian Roper foi atraído pela doutrina de Lutero sobre a "justificação pela fé" dando grande desgosto para seu sogro e sua esposa. "Meg" (Margaret), diz More um dia a sua filha, "acabei de passar um bom tempo com teu marido, raciocinando e debatendo juntos sobre diversos pontos de religião, inculcando conselhos paternos, mas nada de tudo isso foi capaz de demovê-lo. D'ora em diante não mais discutirei com ele, mas pedirei a Deus por ele."

Ao fim de alguns meses, Roper fez uma retratação pública e voltou para o seio da fé católica.

Esta preocupação em torno do estudo das belas-letras para o sexo feminino causou a admiração de Erasmo que, numa carta de setembro de 1521, endereçada a Guillaume Budé, escreveu:

> Até aqui quase todo o mundo estava persuadido de que, para a pureza e boa reputação, as letras eram inúteis para o sexo feminino. Eu mesmo antigamente não estava longe desta opinião. Mas More a eliminou completamente da minha mente. De fato, dois perigos ameaçam a reputação das jovens: a ociosidade e os divertimentos muito livres; mas o amor às letras as mantém longe desse duplo perigo [...].
> Eu não vejo por que os maridos temeriam que suas mulheres fossem menos dóceis pelo fato de estarem instruídas; a menos que não seja da parte dos maridos achar que não se deve fazer

6. Defensor do rei Henrique VIII contra os ataques de Lutero (1521-1523)

> perguntas às mulheres honestas. Ao contrário, uma mente exercitada pelo estudo oferece a vantagem de compreender a razão das coisas e discernir o que convém e o que é util.
> É preciso que seja inteligente a mulher que deve manter sua família dentro do dever, formando e informando o caráter de seus filhos, contentando em tudo seu marido. Quando na última conversa mantida com More, eu lhe havia objetado que, se sobreviesse alguma desgraça para suas filhas, ele sofreria tanto mais cruelmente sua perda, do que se tivesse tido mais dificuldade em educá-las, ele me respondeu sem hesitação: "Se acontecer o inevitável, eu prefiro que morram instruídas do que ignorantes [...]".

Pouco depois do casamento de Meg, em agosto de 1521, More teve de acompanhar o chanceler Wolsey a uma embaixada em Calais, depois em Bruges. No curso dessa viagem, ele se encontra novamente com seu caro Erasmo, conselheiro imperial de Carlos V. Este será o último encontro, mas, nessa ocasião, More fica conhecendo Juan Luís Vives. Dois anos depois, Vives por sua vez promovia a educação feminina no seu tratado *Sobre a formação da mulher cristã* (*De éducation de la femme chrétienne*), dedicado a Catherine d'Aragon com vistas à formação de sua filha Mary Tudor. Vives escreveu:

> Para muitas pessoas as mulheres sábias são suspeitas, como se o acréscimo de uma erudição sadia fizesse crescer nelas a malícia natural da espécie humana [...]. Ao contrário, a mulher que aprendeu a refletir sobre coisas eruditas não permite jamais ligar sua alma a coisa que rebaixa.

A permanência de More em Bruges não foi um descanso de tudo, pois, de seus familiares, Flamand David, supostamente viúvo, havia decidido desposar uma jovem de Bruges. Ora, na manhã marcada para as núpcias, More apreende, por uma carta de sua esposa Alice, que a mulher de David está bem viva e procura seu marido, o que o obriga a intervir com vigor para se opor a esta bigamia.

A carreira de More prossegue com sua eleição para a Câmara dos Comuns. More pede ao rei a exoneração dessa responsabilidade, de quem recebe uma recusa. More escreve então para saber com que disposição assumirá essa responsabilidade. Nesse correio é interessante notar que Thomas More foi o primeiro no Ocidente a defender a liberdade da palavra dos membros do Parlamento, pedindo ao rei que, sem medo de ser punido, todo homem possa descarregar sua consciência e dar sua opinião sobre qualquer questão debatida no Parlamento. Em setembro de 2010, o papa Bento XVI foi recebido em Londres pelo *speaker* (locutor) da Câmara da Comuna, lembrando que "seu predecessor, Thomas More, tinha cadeira nesse mesmo lugar, Westminster Hall, e aí foi condenado no dia 1º de julho de 1535".

Escrito espiritual

Thomas More podia ter ficado maravilhado pelo favor do rei que, em 1522 doou-lhe a mansão de South, no Kent, confiscada com todos os bens do "traidor" Buckingham. Mas, para não se distanciar demais do que é essencial para si, isto é, do relacionamento da pessoa com Deus, em 1522 More começa a redigir em inglês e não em latim, uma obra infelizmente inacabada sobre as quatro últimas verdades (os novíssimos).

More surpreende novamente com um assunto muito sério ao falar dos pecados que levam os homens à condenação, mas sempre com um humor particularmente cáustico. Seu estilo respira Idade Média, período durante o qual foram escritas numerosas obras sobre a "Arte de bem morrer". Se esse tipo de publicação é clássico nessa época – Erasmo também escreveu uma –, More tem um jeito todo pessoal de evocar as quatro últimas verdades. Utilizando a linguagem da medicina, ele apresenta quatro "ervas", como remédios para curar a alma do pecado: a morte, o juízo final, a pena incorrida pelo pecador e a alegria do paraíso, como diz o texto bíblico da Sabedoria lembrado por More, em destaque no seu texto: "Lembra-te das últimas verdades e jamais pecarás" (Sb 7,36). Somente uma dessas "ervas" é estudada – o pensamento da morte – nessa obra inacabada, se alternam passagens de alta elevação espiritual e exemplos no estilo "rabelaisiano". As descrições da luta contra o mal – do bem a praticar, da própria morte – são muito concretas e práticas.

More lembra que há duas condições necessárias para a salvação: abster-se ou afastar-se do mal. Quanto à primeira condição, é preciso evitar seis pecados: orgulho, inveja, cólera, gula, avareza e luxuria. Evidentemente o orgulho, origem de todos os outros pecados, é colocado em destaque. Alguns exemplos ilustram como esses pecados são criticados de maneira incisiva e afrontosa: O pensamento da morte e o retrato falado dos futuros "herdeiros":

> Tereis achado muito desagradável quando estiverdes bem doentes e sem vontade para nada, escutar o povo tagarelar, e, sobretudo, sobre questões às quais era preciso responder? Nesse caso, não penseis que será um doce prazer quando estivermos no leito de morte, quando todo o nosso corpo inteiro sofrer, nosso espírito todo perturbado, nossa alma penalizada, nosso coração apavorado, nossa vida nos deixando e nossa morte avançando sobre nós. Quando o demônio se acercar de nós, irão nos faltar vigor e força para aguentar um só de seus tormentos execráveis, não será mais – como eu ia dizendo –, coisa agradável, ver com teus olhos, ouvir com teus ouvidos, uma nuvem de amigos cheios de vida, ou antes, de moscas varejeiras voejando ao redor do teu leito e do teu corpo, e como corvos junto de teus despojos, tornado quase uma carniça, gritando de todos os lados: "O que é que vou ser?" "O que é que vou ser?" O que é vou ser?".

6. Defensor do rei Henrique VIII contra os ataques de Lutero (1521-1523)

Depois virão teus filhos reclamando a parte deles. Chegará tua esposa gentil que, quando estavas com boa saúde, não te mandava talvez nenhuma palavra atenciosa há seis semanas, mas depois (de morto), te chamará de gentil marido e, chorosa, perguntará o que vai ser dela [...].

SOBRE A AVAREZA

Repara se vês algum miserável que só consegue andar com dificuldade, tão idoso que está. A cabeça pendendo sobre o peito, o corpo retorcido, avançando passo a passo sobre um par de chinelos, o bastão numa mão, o rosário na outra, um pé praticamente na sepultura e, entretanto, de jeito nenhum preocupado em separar-se de nada, nem de restituir o que foi mal adquirido, mas ávido de subtrair 20 soldos de seu vizinho, assegurando que viverá ainda 7 vezes 20 anos.

SOBRE A VAIDADE

[...] tantas tochas, tantas velas, tantas roupas pretas, tantas carpideiras rindo debaixo de seu capuz preto, e um belo carro fúnebre, e todas as belas e honoráveis delícias funerárias: eis o que por vezes preocupa o tolo doente que age como se tivesse encontrado uma janela para ver com qual esplendor será conduzido à igreja.

SOBRE A GULA

Que bem pode fazer o gordo comilão, a pança para a frente, esticada como um tambor, e a cara inchada de tanta bebida! Não será melhor vomitar esse mingau no meio de suas ocupações ou deitar-se ou dormir como um porco? E quem pode duvidar que o corpo delicadamente alimentado, conforme o barulho suspeito, torna o leito menos casto?

A enumeração dos pecados capitais encerra com a preguiça cujo usuário não tem vergonha; nós o levamos na leviandade e na caçoada. Thomas More insiste nessa ociosidade, frequentemente uma tentação que impede de fazer o bem.

Thomas More não pôde terminar sua obra porque as tarefas prioritárias, às quais devia fazer frente nessa época, não lhe davam descanso. Nessas atividades encontramos em tudo, primeiro, a redação da obra que o rei pediu para, com ela, responder aos ataques de Lutero. Alguns anos antes, em 1517, o advogado More havia defendido a causa do papa, do qual um dos navios tinha sido sequestrado em Southampton. Sua conversa tinha sido tão agradável que o rei Henrique VIII decidiu dispensar o confisco do navio. Foi sem dúvida a partir daquele momento que o rei preferiu ater-se aos serviços de More em vez de o ter como adversário.

RESPOSTA DE MORE AOS ATAQUES DE LUTERO

Thomas More responde, pois, sem hesitação, ao pedido do seu rei. Mas sob um nome fictício que pareça ser o seu livro: *Resposta a Lutero* (*Réponse a Luther*), não querendo, assim, degradar a imagem de sua função nem o prestígio do rei. Dirige-se a Lutero sob a máscara de certo Rosseus (forma latinizada do patrimônio Ross, como era uso entre os humanistas), que teria (a quem quiser acreditar) descoberto em Veneza o livro do rei e, depois, quando estava perto de Roma, a resposta de Lutero. A partir do prefácio, foi dado o tom, pois Rosseus-More declara que entrou fechando as narinas na estrebaria de Augias onde está empilhado o fumeiro literário do monstro bípede – o asno, porco, macaco – que se chama Lutero.

Por que More, recentemente com o cargo de subxerife de Londres, ocupou-se com os esgotos da cidade? Esse tipo de trabalho pertence ao súdito, não ao príncipe. Como este tom pode chocar o leitor atual, que não compreende por que um homem como More pôde se importar com isso, impõem-se várias explicações.

A imaturidade da linguagem é habitual nessa época. Do italiano Boccace ao francês Rabelais, passando pelo inglês Chaucer nos contos de Canterbury, a literatura está longe de ser esterilizada. Os autores querem "chocar" a imaginação dos leitores.

O livro *A resposta de Lutero a Henrique VIII* é, como já dissemos, particularmente injurioso em consideração ao rei. Mas nessa resposta, Lutero vai mais longe que ninguém neste descabimento de termos injuriosos, sobretudo. Essas respostas vêm se juntar às três obras escritas em 1520 por Lutero que questionam os fundamentos não só da Igreja, mas também das leis humanas dessa época: "O papado de Roma", "O apelo à nobreza cristã da nação alemã" e "A escravidão babilônica da Igreja".

Os saques das igrejas mesmo em Wittenberg pelos "anabatistas", unidos aos amigos de Lutero em 1521, confirmam os temores de More, apesar de Lutero se opor às suas doutrinas: recusa do batismo de crianças, submissão somente à Escritura, o simbolismo da Ceia etc.

More também ficou escandalizado com o escrito de Lutero sobre "os votos monásticos", no qual declara que nada nas Escrituras justifica a existência do monarquismo, e que os votos pronunciados pelos religiosos não têm nenhum valor.

O duplo patriotismo de More, cristão e inglês, o faz reagir com violência, e por vezes mais pelo emocional do que pelo racional, ante as páginas sujas nas quais Lu-

6. Defensor do rei Henrique VIII contra os ataques de Lutero (1521-1523)

tero injeta seu veneno contra o papa e o rei Henrique VIII. É assim que More escreve: "Ele ataca não somente o rei [da Inglaterra] com farsas insultuosas, mas também contra [Carlos V] o papa, contra todos os príncipes da Alemanha, contra todos os homens eruditos e bons, enfim, contra todos os santos; este ímpio patife se importa com suas obras repugnantes. Na realidade Rosseus-More vai bem além não só da defesa do rei e de sua obra *Defense des sept sacrements*. O fato de ser um leigo, com a linguagem mais livre do que a de um clérigo ou de um rei, permite-lhe também demonstrar que não é necessário ser um teólogo para descobrir as falhas de raciocínio do monge teólogo Lutero. É por isso que esta obra *Resposta a Lutero* (*Réponse a Luther*) surpreende e desconserta. De fato, se o autor aborda com firmeza temas aos quais ele está visceralmente ligado, como a paz civil; os sacramentos, fontes da vida divina; a Igreja, arca da salvação; a fé católica integral, ele vai evitar importunar o leitor a todo o custo, e muitos de seus gracejos têm essa finalidade. Tal escrito tem outra característica que vamos encontrar em todas as obras polêmicas de More: a refutação dos argumentos de seu adversário pela transcrição sistemática e por extenso de seus escritos, de modo a evitar ser acusado de deformar seu pensamento. Ele vai mais longe "enrolando" Lutero com sofismas. Um exemplo: Rosseus-More construiu, como Lutero, um silogismo que lhe permite concluir que Lutero é um asno: O homem é um "animal que ri, e o asno é um animal que zurra. Ora, estou certo que o reverendo frei Buveur (Lutero) é um animal, que zurra a ponto de ofender o tímpano. Logo estou certo de que o reverendo frei Buveur é seguramente um asno". Com efeito, More fica à vontade salpicando seu texto com palavras por vezes obscenas, pois, na sua juventude, escreveu e gozou de farsas bastante grosseiras. Ele tem ainda a explicar que foi a contragosto que aceitou esse pugilato. O provérbio é bem acertado: "Não se pode tocar em pixe sem sujar os dedos. Não me culpeis, pois, leitores amigos, por me ter sujado ao lavar a cabeça desse sujo imundo".

Mais importante para Rosseus-More é a mensagem que ele quer passar, falando daquilo que é para ele o grande perigo espiritual e material que representa o terremoto da revolução luterana:

> A Alemanha já conhece a vergonha dos padres casados. E vai chegar a vez de Lutero. A missa está praticamente abolida; já se delineiam os pródromos do movimento iconoclasta: fora com as imagens, exceto os retratos de Lutero, que se multiplicam. Já se esboçam os primeiros rumores da guerra civil. Podemos perceber os falsos profetas que se anunciam. Meu apoio e minha prece são para que voltem os dias de uma fé serena, e que não se deixe estagnar no esquecimento as "bobagens" que acabo de escrever e todas as heresias insensatas que me provocaram.

Dessa grande obra, que aborda numerosas questões sobre Igreja, sacramentos, concílios, tradição etc., dois temas devem ser analisados em particular porque são o coração da fé católica e das convicções de More: a Eucaristia e a Igreja.

Sobre a Eucaristia, o reformador Lutero é nitidamente menos revolucionário que seus sucessores, particularmente Zwinglio e Calvino. Jamais negará a Presença Real do Corpo e Sangue de Jesus Cristo no pão e no vinho da missa, mas contesta o que é um aspecto fundamental da fé católica: a transubstanciação, ou seja, a conversão do pão e do vinho no Corpo e Sangue de Jesus Cristo. A concepção luterana da Ceia, chamada a "consubstanciação" é que, após a missa, o pão e o vinho não são mais que pão e vinho. Para Lutero é a palavra de Deus que permite ao pão e ao vinho ser temporariamente Corpo e Sangue de Jesus Cristo. Após a missa, estando ausente a Palavra de Deus, permanecem só o pão e o vinho. Rosseus-More constata uma outra afirmação de Lutero a propósito da missa que não seria um sacrifício nem uma oferenda, nem mesmo uma ação, mas um dom de Deus para o cristão. More recusa esta concepção apoiado em textos do Novo Testamento. É assim que figura em seu livro uma longa argumentação sobre a essência própria da missa. Nem coloca a Eucaristia no pico de todos os sacramentos, considerando que a missa não é nenhum sacrifício nem uma boa obra, portanto, verdadeiras heresias para ele que se refere a textos da Escritura, em particular o capítulo 6 do evangelho de São João sobre o "pão da vida", para demonstrar por que Lutero está no erro.

Sobre a Igreja, Lutero considera que o ato de fé é "uma adesão do homem a Deus por Jesus Cristo", enquanto More completa, com a tradição católica, esta afirmação pelo Jesus Cristo "vivo na Igreja". Toda argumentação de Lutero parte ainda de uma interpretação diferente de um versículo do evangelho de São Mateus: "Tu és Pedro, e sobre esta pedra edificarei a minha Igreja, e as portas do inferno não prevalecerão contra ela" (Mt 16,18). Para Lutero, esta pedra não é São Pedro, mas o próprio Jesus Cristo, pedra angular invisível sobre a qual repousa um templo espiritual, igualmente invisível, cujas pedras vivas são as almas justificadas pela fé em suas promessas. More lembra então a tradição da Igreja, culminando nos escritos dos padres da Igreja: "Estes homens (Os padres da Igreja) que nós citamos, não nos importam apenas pelo seu nome, mas especialmente pelo seu peso: antes de nós havia a Escritura. E tu não podes recusar o seu testemunho, suspeitando que são contra ti. Os padres morreram bem antes que se pudesse prever que um dia algum demônio sujaria o planeta com excremento igual ao teu.

6. Defensor do rei Henrique VIII contra os ataques de Lutero (1521-1523)

'Não me incomodo', dizes tu, 'que contra mim se levantem mil Agostinhos ou mil Ciprianos' – a bíblia te é suficiente, o que achas evidente. Se até aqui nenhuma página do evangelho tivesse sido escrita, restaria este evangelho escrito no coração dos fiéis". A Igreja está viva para se conformar com o preceito no texto: "agir como Lutero é reduzir toda noção de Igreja a uma ideia platônica, uma Igreja desencarnada". Quando Lutero considera que os pecadores não fazem parte da Igreja, More responde: "Ela é santa (a Igreja) não porque alguém de seus membros não cometeu pecado, mas porque não existe na terra nenhum santo que não seja seu membro". Ele desenvolve longamente essa tese, explicando, entre outros, que Jesus Cristo não cessa de interceder junto do Pai pelos pecadores.

Os últimos capítulos anunciam o "juízo particular" em matéria de fé defendida por Lutero. Para More a Igreja é representada não somente pelos papas, doutores, concílios e fiéis, mas, ao mesmo tempo, e mais ainda, pelo consentimento unânime da cristandade em todos os países e através dos séculos. Na sua "Resposta", More de fato visava o ponto central do pensamento de Lutero: a oposição entre o humano e o divino e a condenação de tudo o que atribui qualquer valor à ação humana perante Deus. Como conclusão ele trata Lutero como vaidoso que se julga um novo messias, particularmente quando diz: "Estou certo que tenho meus dogmas como vindos do céu". E Rosseus-More conclui: "De acordo. Tu recebeste do céu teus dogmas paradoxais. Sim, eles te foram revelados, entretanto, 'não por aquele que desceu do céu, mas por aquele mesmo que caiu do céu como o raio' (Lc 10,18), isto é, como satanás".

Na sua peroração, Rosseus-More aborda outros temas que ele tem no coração: o culto aos mortos, a veneração das imagens, a fidelidade aos votos livremente assumidos, a devoção "à Virgem Mãe de Deus", o respeito da ordem estabelecida, tanto o bem eclesiástico como civil, que foram rejeitados por Lutero. Esses ataques provocaram realmente uma emoção profunda em More, abalado por tais propostas.

Como escreveu Germain Marc'hadur, se os contemporâneos de More não reconheceram o "Morus dulcíssimo" (doce como mel) do qual Erasmo descreveu seu charme sedutor, o inalterável humorista, um tanto displicente e desapegado, ao menos perceberam que as garras eram de um leão. Thomas More passa, após a aparição de sua *Resposta a Lutero*, "pelo humanista mais versado na arte de transformar as coisas 'salgadas' num latim dos mais corretos".

7. AMIZADES, PROSPERIDADE, RENOME E... NEVOEIROS (1523-1528)

Após o mergulho nas águas tempestuosas do conflito entre Lutero – propagador da sua reforma, para não dizer da sua revolução – e Thomas More, defensor de seu rei e da ortodoxia católica, a vida particular como a pública oferecem a Thomas More numerosos motivos de satisfação, antes de afrontar outras dificuldades.

AMIZADES FECUNDAS

O início desse novo período, denso, está colocado sob o selo das amizades, das quais algumas são mencionadas por Vives no cabeçalho deste capítulo. Esse jovem amigo de More, Vives, diretor do Colégio Trilingue de Louvânia, chega à Inglaterra em maio de 1523, a pedido da rainha deste país, sua compatriota Catarina d'Aragão.

Algumas palavras, aqui, sobre essa figura tão fascinante do humanismo, reconhecida por três grandes contemporâneos, Budé, Erasmo e More, como um dos que atuaram em vários domínios em poucos anos. Falecido em Bruges em 1540, com 48 anos, foi sempre fiel à fé católica, apesar de tudo o que a Inquisição fez os seus[1] sofrerem. Teve que deixar sua cidade natal, Valença, aos 19 anos para fazer seus estudos em Paris, antes de atingir Bruges.

Após o primeiro encontro em Bruges (1521), Vives e More começaram a se corresponder regularmente. Foi assim que, em agosto de 1522, Vives escreve ao amigo em comum, Cranevelt: "More enviou-me, como a vós, anéis bentos (More manifesta frequentemente sua amizade dessa maneira), não para que os carregue – ele me acha muito pagão para isso –, mas para que os doe às minhas bravas brugenses [as primas de Vives que o seguiram em Flandres]".

---

[1] Em Valença, o pai de Vives é condenado e queimado vivo em 1524 por ter voltado a um "judaísmo clandestino". Nessa condenação, seus bens e os de sua esposa, falecida em 1508, foram confiscados. Vives e suas irmãs, tendo exigido a restituição dos bens da mãe e obtido satisfação, levaram a Inquisição a um processo "post mortem" contra sua mãe, que foi declarada culpada. Seus restos foram exumados e queimados em 1529, seus bens restantes confiscados pelo Santo Ofício.

Se Vives deixa marca como um pioneiro no domínio pedagógico e por promover a psicologia (cf. cap. 1), marca também o seu tempo pelos seus escritos sobre a vida política e social. Não hesita em tomar posição nos negócios públicos, preocupado em promover a justiça, a paz, o sentido do perdão, a equidade e uma "democracia" real. Sobre o plano social aparece *De l'a assistence aux pauvres* de 1525, no qual, como More em *Utopia*, Vives denuncia a riqueza dos monopolizadores e vai mais longe ainda propondo a criação de uma verdadeira "assistência pública" para auxílio das crianças abandonadas ou dos idosos sem recursos. O financiamento dessas ajudas deve, para Vives, ser encontrado utilizando-se os recursos do alto clero, que muitas vezes esqueceu sua missão primaria, e o supérfluo dos ricos. Ele se permite escrever: "Elas não servem mais para ti, casas onde teriam morado os cortejos dos reis de outrora; e teu irmão pobre, sem um cantinho onde passar a noite para descansar [...]. Não sentes remorso e reprovação ao lembrar o pobre mendigo Lázaro, junto à porta de um rico cheio de ostentação, que se vestia de púrpura e linho finíssimo e comia esplendidamente todos os dias?". Nesse mesmo livro, Vives desenvolve uma teoria sobre o trabalho que deve ser oferecido a todos e que devem passar por uma formação obrigatória junto aos profissionais que se pode recrutar. Seus escritos, que já têm quase 500 anos, são mais atuais do que nunca. De 1523 a 1529 Vives viaja de navio entre Bruges e Inglaterra onde ensina na Universidade de Oxford. Quando More apresenta Vives ao casal real, Henrique VIII nomeia-o preceptor de sua filha, Maria Tudor. Mas suas estadias na Inglaterra terminam mal: ele é preso por seis semanas em Londres por ter ousado desaprovar, em 1529, o projeto de divórcio de Henrique VIII. Em janeiro de 1531, Vives escreverá diretamente ao rei para lembrar seus deveres[2].

Além de seus amigos mais chegados já citados, outras pessoas procuram encontrar-se com Thomas More, que se tornou um dos ingleses mais célebres de seu tempo. Entretanto, ele acha tempo para receber os que lhe são recomendados por

---

[2] Juan Luís Vives, *Carta a Henrique VIII em 13 de janeiro de 1531*.
[...] *Vós possuis um reino muito próspero; em plena flor da idade, estais cercado de afeição daqueles que são vossos; em quais apuros vos colocareis, vós e vosso reino, se fazeis nascer a inimizade com um príncipe vizinho [Carlos V, apoio de sua compatriota, a rainha Catarina de Aragão]. Se para fazer a guerra, ides a outros príncipes, oras, onde chegarás? Vós sois dois ou três reis no mundo cristão; as vitórias dos turcos nos colocaram em um perigo extremo: e vocês querem se enfrentar! E enfim, que procurais por conseguir esta guerra? Uma esposa? Mas vós já haveis uma, forte superiora a aquela que vós desejais... Mas que procurais em um mulher? Não é apenas, creio, alguma breve e obscena volúpia; são as crianças, dizeis, os herdeiros do trono. Mas vós haveis, pela graça do Cristo, uma filha dotada das mais belas qualidades: vós escolhereis, segundo vosso gosto, o gênero que será melhor para um filho que não se pode escolher... Aliás, quem pode vos afirmar que vós tereis desta mulher um filho homem, e que, este filho homem viverá até a época em que deixando a vida, vós colocareis o reino em suas mãos?*
Veja também que exemplo vós ireis dar e que escândalo oferecerás a muitos. Enfim, pensais no perigoso motivo de guerra civil que vós deixareis a Inglaterra: esta se distanciará da sucessão legítima que vosso novo casamento renderia duvidosa [...] O que me determinou a escrever isto é finalmente o cuidado que tenho pela paz do mundo cristão, tão dilacerada e sofrida pelas dissensões e guerras.

7. Amizades, prosperidade, renome e... nevoeiros (1523-1528)

seus amigos e relacionamentos. More é bem o amigo de todas as horas, tal como Erasmo o apresenta:

> Pode-se dizer que nasceu para ter amizade: ele a cultiva com absoluta sinceridade, igual à sua tenacidade. Ele não é homem para se amedrontar com a multiplicidade de amigos [...]. Ele não exclui ninguém de seus laços sagrados. Jamais exigente na escolha de seus amigos; muito complacente em seus entretenimentos, não poupa nada para evitar uma ruptura. Se lhe acontece deixar de lado uma pessoa cujos vícios não pôde corrigir, aproveita a primeira ocasião para separar-se dela: assim ele "descostura" a amizade mas sem romper os fios. Quando encontra amigos sinceros, cuja mentalidade combina com a sua, tem tanto prazer em entreter-se com eles, que parece ter encontrado nesse negócio a joia principal da sua existência.

Compreende-se bem porque tantas pessoas querem encontrar-se com More. Os correios trocados entre letrados, personalidades políticas, ingleses ou estrangeiros, embaixadores, leigos ou clérigos, veja quantas pessoas tão diversas sentem-se honradas e felizes por ter talvez um relacionamento físico ou epistolar com um homem tão afável e generoso, apesar de suas múltiplas atividades. O teólogo Martin van Dorp, que havia palestrado com ele alguns anos atrás, não o tem como rigoroso, mas ao contrário: "Enviaste a More a carta que eu tinha escrito? Atenção: Enviaste a um personagem extremamente culto que eu venero pela sua rara cultura". Cranevelt, a quem estava destinada essa carta, responde a Dorp especificando-o: "More, vai bem! Ele passou a Algoet uma palavra para mim. Disse obrigado por minhas cartas numerosas e se desculpa, porque o aperto das ocupações o impede de responder". Contudo, More chega a tomar tempo para escrever mesmo curtas missivas a seus amigos. Como testemunha temos esta carta endereçada de Calais em 1527:

> Thomas More ao seu muito querido amigo, saúde!
> Com toda a certeza, eu seria dos mais descorteses se após ter recebido tantas cartas tuas, meu caríssimo Cranevelt, eu não quisesse responder nenhuma. Sobretudo agora quando disponho de um correio tão seguro que se eu o perder de repente, a desculpa não vai cobrir meu descuido...
> Calais, às pressas, 14 de julho.
> Saúde mil vezes, da minha parte, para tua perfeita esposa. Comporta-te bem, homem tão distinto e tão caro para teu amigo More.

Seus compatriotas sabem que podem contar com ele em todas as circunstâncias e que se beneficiarão assim de sua fina inteligência a serviço do interesse geral e das belas-letras em particular. Pede-se a ele conselhos para a educação do jovem Henry Fitzroy, filho bastardo de Henrique VIII e Elizabeth Blount; filho ilegítimo reconhecido pelo rei. A própria Universidade de Oxford, onde o espírito do jovem Thomas despertou para a cultura, fez a solicitação, em 1523, da dispensa do pagamento da taxa do Parlamento para financiar a guerra contra a França. Um ano depois, quando Sir Arthur Lowell vem a falecer, árbitro Supremo de duas universidades inglesas, Oxford decide reempossar Sir Thomas More. Esse pedido toca-o profundamente, e sua carta de agradecimento de 26 de julho de 1524, endereçada à Universidade de Oxford, revela seus sentimentos: "Aceito de coração. Serei não somente um patrono e amigo todo devotado a todos, mas um companheiro e um irmão para cada um".

Em novembro de 1525, a Universidade de Cambridge fez o mesmo pedido.

AMIZADES (?) POLÍTICAS

A confiabilidade, a competência, o poder de trabalho e a vontade de More de servir seu país e o "bem comum" não fogem do chanceler Wolsey que lhe confia missão sobre missão e lhe envia uma abundante correspondência. Pudemos classificar mais de uma vintena de cartas em quatro anos. As missões são de todos os matizes. Por exemplo, a 27 de novembro de 1524 More está com Wolsey para trazer à razão o jovem George Brooke (27 anos) que foi feito cavaleiro no ano precedente pela sua bravura, por ocasião da prisão de Morlaix, e quer se casar com uma jovem contra a escolha do rei, cuja vontade é fazê-lo desposar uma das damas de honra da rainha. No mesmo dia, More vai ter com ele, mas com a carta de um embaixador para Henrique VIII. À tarde, na *soirée*, um mensageiro de Wolsey convoca-o para o dia seguinte, às 8 horas da manhã. Nessa manhã, Wolsey lhe entrega um correio no qual Richard Pace, embaixador do rei, narra as tragédias de Francisco I na Itália. Após uma cavalgada de 45 quilômetros, More chega a Hertford onde remete os despachos do cardeal Wolsey ao soberano. Desde a manhã More deve comentar e detalhar para Wolsey as reações, reflexões e os relatórios reais. Conselheiro do rei é, portanto, o intermediário entre o soberano e seu chanceler. Em dezembro do mesmo ano, em mais de cem missões, More deve julgar as discórdias entre a cidade de Londres e certo M. Coke, que desejava construir moinhos sobre o Rio Tâmisa. Em agosto de 1525 foi chamado também para ajudar a negociar um novo tratado franco-inglês. Para esse tratado, assinado dia 30 do mesmo mês no castelo de Moor – residência real colocada à disposição do cardeal-chanceler Wolsey, perto de Watford, subúrbio de Londres –, a França se obriga, agora que Francisco I ficou detento em Madri após o desastre de Pavia, a pagar somas muito altas para a casa real e para o cardeal Wolsey. Também More deve receber 150 coroas.

7. Amizades, prosperidade, renome e... nevoeiros (1523-1528)

A ação de More, nomeado chanceler do ducado de Lancaster em setembro de 1525, leva-o, como responsável das finanças, a mover diversas ações contra negociantes alemães no fim de 1525 até o começo de 1526. Sua intervenção no entreposto londrinense desses negociantes começou com a prisão de um deles, que aparou peças de ouro e prata. Houve também embargo de navios de seus compatriotas. Depois, foi organizada nova batida policial para revistar os navios, onde foram descobertos numerosos escritos luteranos. Quatro comerciantes foram presos, aos quais More explicou o motivo da cólera do governante inglês, pois os alemães estavam propagando sem cessar na Inglaterra a literatura luterana interditada pelo Parlamento (inglês).

Thomas More certamente está sendo recompensado pelo rei pelos seus serviços, mas este último torna-se mais e mais exigente, como aparece numa ordenança real de 1526: Sir Thomas More é um dos dez conselheiros escolhidos pelo soberano para assegurar um serviço permanente, com a obrigação de se apresentar todo dia, das 10 às 14 horas, para receber as ordens do rei ou ouvir os pedidos dos pobres. Durante esse tempo, More está presente em todas as frentes, num período perturbado por numerosos conflitos. Às tutelas dos pupilos que lhe são confiados se juntam as transmissões de diretivas reais, a redação dos correios diplomáticos em nome do rei, a defesa dos direitos das duas universidades das quais ele é o arbitro supremo ou as missões de embaixada. Uma delas tem por objetivo negociar uma paz perpétua com a França, que passa por um projeto de casamento entre a filha do rei Henrique VIII e o filho de Francisco I. Thomas More se desloca para a França, particularmente a Amiens, com Wolsey para ratificar o tratado de paz de 1527 com a França, redigindo tudo durante esse período, com e pelo rei, como a carta em resposta a Martinho Lutero, e ainda assiste ao grande Conselho do rei que ordena os livros e as pregações dos heréticos etc. E, por mais espantoso que possa ser, ele ainda reserva tempo para sua vida pessoal e familiar.

VIDA FAMILIAR

Mesmo que não se explique como Thomas More pode achar tempo para se ocupar com os seus, as numerosas recompensas materiais concedidas pelo rei pela sua ação a serviço da Coroa facilitam certamente a organização prática da sua vida familiar. Seus rendimentos crescem fortemente: em particular com sua nomeação como chanceler do ducado de Lancaster, ele recebe duas coroas, mas também uma prebenda na colegiada Santo Estevão de Westminster e até obtém licença para exportar peças de tecidos... A melhora substancial dos recursos da família More permite-lhe, em 1524, comprar a propriedade de Chelsea, onde se instala com todos os seus. Tal propriedade, situada à margem do Rio Tâmisa, cercada por terrenos agrícolas, provida de vários prédios, torna-se bem depressa um lugar de acolhimento permanente de amigos, parentes, domésticos, sem esquecer seu bufão Henrique Patenson, mas também pessoas em suas necessidades. More está agora no pico de sua carreira e aproximadamente mais de cem pessoas moram ou trabalham em Chelsea, sem contar toda a sorte de animais. More manda construir um oratório particular no qual se retira para trabalhar e rezar das 3 às 4 horas da manhã, quando não é retido a serviço do rei. Cada vez que pode, ele se retira todas as sextas-feiras para esse oratório e passa o dia meditando a paixão de Jesus Cristo. É em Chelsea, em novembro de 1526, que More, amante das artes (sua casa está cheia dessas coleções e tudo se apresenta para deter a vista do visitante), acolhe o grande pintor Hans Holbein Junior, sob a recomendação de Erasmo, a quem escreveu em dezembro desse mesmo ano:

> Obrigado pelas tuas duas cartas. Teu pintor [Holbein], caríssimo Erasmo, é um artista maravilhoso. Mas receio que constate que a Inglaterra não é tão fecunda nem fértil como ele esperava. Entretanto, farei todo o possível para que a encontre fértil.

Nesse ponto More se engana, pois a carreira de Holbein atingirá seu apogeu no decorrer de seu longo passadio inglês, justamente na sua morte. More manda restaurar às suas custas uma capela da igreja paroquial de Chelsea, durante a permanência de Holbein sob seu teto e esculpir os capitéis que trazem até hoje a data "1528". Se Holbein começa o trabalho pela pintura da família de seu anfitrião, sem esquecer o célebre retrato de More, aquele que será chanceler, torna-se logo o artista mais atraente da família real e dos grandes do reino, depois que More o apresenta ao rei. E é assim, graças a Holbein – antes da sua chegada à Inglaterra e puxando o diabo pela cauda –, que temos as melhores representações de Henrique VIII e seu círculo de servidores.

Mas o que se destaca no coração de More é a família acima de tudo. Ora, muitos acontecimentos domésticos ecoam nesses anos. Sua família cresce pela adoção de Margaret Giggs – irmã de leite da sua filha Margaret –, que perdeu sua mãe. São também confiadas várias crianças à sua guarda, entre as quais, Anne Cresacre e Giles Heron. No dia 29 de setembro de 1522, Cecily More desposa Giles Heron, pupilo de More, e sua outra filha Elizabeth desposa no mesmo dia William Dauncey. Alguns meses mais tarde, em maio de 1526, é a vez de Margaret Giggs casar-se com

7. Amizades, prosperidade, renome e... nevoeiros (1523-1528)

John Clemente, secretário de More por ocasião de sua primeira viagem a Bruges em 1515, depois, durante algum tempo, receptor de seus filhos. É um fino literato que ensinará grego em Oxford antes de tornar-se um médico muito cotado. Eis que nascem também com Thomas More os primeiros filhos de sua querida filha Margaret, a quem ele chama de Meg, esposa de Willian Roper: Elizabeth em 1523 e Margaret em 1526. Meg é o orgulho do seu pai, pois sua inteligência e seu fino conhecimento do latim e do grego permitem-lhe penetrar na intimidade dos pensadores antigos, mas também dos padres da Igreja e da Bíblia. More consegue escrever a Meg, da corte, num certo 11 de setembro, um pouco antes da meia noite:

> Esta tarde eu conversava com Mons. D' Exeter [Hugh Oldham]. Ora veja, revistando minha pasta à procura de algum documento, topei por acaso com sua carta. Encantado com a letra, o bispo se pôs a observá-la. Percebendo pelo cabeçalho que a carta vinha de uma mulher, se pôs a ler mais avidamente. Achou o latim tão bom e tão correto – tanta erudição misturada com tanta afeição –, que ficou de boca aberta. "É a minha filha", disse-lhe eu, e de um golpe mostrei outros frutos da tua pena: um discurso, poesias, cuja leitura o encheu de admiração. Aqui está, na tua pasta, um cruzado (moeda portuguesa). Foi impossível recusar. Eu não me atrevi a mostrar as cartas de tuas irmãs, para não dar a impressão de estar insinuando algum gesto de agrado [...]. Resta-te escrever ao Monsenhor (bispo) uma carta de agradecimento da maneira mais gentil e elegante que puderes.

Alguns anos mais tarde é Richard Hyrde, preceptor junto a More em Chelsea em 1524, que também elogia Margaret Roper, dedicando a um de seus alunos a tradução inglesa feita por ela da *Paráfrase sobre o Pater* (Pai Nosso), publicada em latim por Erasmo em 1523. Mas é sobretudo o próprio Erasmo que, nas cartas a seus correspondentes, lisonjeia a educação de More e menciona seus filhos, particularmente Meg como modelo. Estabelece-se uma correspondência direta entre Erasmo e Margaret Roper, como também suas irmãs e seu irmão. Aí está um extrato anexado à dedicatória de uma carta datada do Natal de 1523, na qual Erasmo dedica a Meg, jovem mãe de família, sua edição comentada de *Hinos de Prudence* para o Natal e a Epifania.

> Erasmo de Rotterdam envia seus cumprimentos à jovem e virtuosíssima senhora Margaret Roper. Quantas vezes me impressionei com vossas cartas e as de vossas irmãs, excelente Margaret; cartas tão cheias de naturalidade, de fineza, tão sinceras e cordiais que, mesmo ouvindo pelas costas, seria possível reconhecer as verdadeiras filhas de Thomas More [...]. Sempre assim, pérolas preciosas do vosso tempo e da vossa Bretanha. Saudações a todos da minha parte, com todo o empenho [...].

Em outra carta a Meg, de setembro de 1529, Erasmo evoca sua descoberta do retrato da família More pintado por Holbein. Ele se sente tocado por esse quadro, que lhe permite reencontrar a casa que lhe é tão cara. "[...] Eu reconheci todos, mas ninguém melhor que vós. Parecia-me ver, através de uma casa muito bela, o reflexo de uma alma muito mais bela [...]. Eu me sinto absolutamente submerso por afazeres e mais: minha saúde é frágil. Queira apresentar todos os meus cumprimentos à dama Alice e recomendar-me a ela com afeto e solicitude. Sinto-me alegre em poder abraçar vosso retrato, já que não me foi dado estar na vossa presença [...]."

Esses momentos felizes que More partilha junto com os seus se alternam com dias de grande angústia, notadamente quando Meg, por pouco, não foi levada pela epidemia de junho de 1528, que deixou milhares de mortos em Londres. Mas a vida familiar não pode esquecer a continuidade de sua luta contra as ideias luteranas.

CRÍTICA ÀS IDEIAS REFORMADORAS

Já em 1523 More, em sua *Responsio ad Lutherum*, exprimiu seu medo ao ver as ideias de Lutero mergulhar na Alemanha durante a guerra civil, pensando ser um profeta. É bem o que acontece com na "guerra dos camponeses", pondo em perigo as autoridades temporárias e religiosas. Após o movimento dos anabatistas, que já haviam saqueado as igrejas em Wittenberg em 1521, as ligas dos camponeses, apoiadas pelos anabatistas de Münster, se revoltam contra seus patrões. Os camponeses – mancomunados por alguns de seus curas – manifestam com violência suas reivindicações após haver assinado um tratado de assistência mútua. São de ordem religiosa (a eleição de padres pelo povo, a limitação das taxas dos dízimos), econômica e social (o aumento da superfície das terras comunais, a supressão da pena de morte). Essa sublevação começa na Alemanha do Sul e se desdobra por todo o país com a tomada de diversas cidades. Tal revolta é reprimida com sangue pelos príncipes germânicos em 1526 (foram mortos cem mil camponeses). Lutero, socialmente um homem da ordem, condena essa rebelião. Dois anos antes ele havia publicado uma sincera admoestação a todos os cristãos para se guardarem de toda rebelião e revolta. Mas seus detratores, entre os quais More, tornam também Thomas More responsável por essa insurreição com as consequências trágicas que resultam para a população. A esse movimento de insurreição vem juntar-se o "saque de Roma" em 1527. Esse grave acontecimento ocorre devido ao fato de Francisco I ter violado as condições do tratado de Madri, assinado no ano precedente com Carlos V, aliando-se com os príncipes italianos e o papa Clemente VII. Como represália a essa aliança, as tropas do imperador Carlos V invadem

7. Amizades, prosperidade, renome e... nevoeiros (1523-1528)

Roma. Durante oito dias a cidade é pilhada e saqueada pela armada imperial, composta majoritariamente por alemães luteranos. Tudo isso cria na Inglaterra de More uma rejeição cada vez mais forte da doutrina luterana, cuja reprovação por haver desafiado as autoridades ao contestar seu poder de legislar agravou-se, particularmente, quando Lutero fez uma fogueira com os livros do direito canônico.

Foi-lhe dada a ocasião de denunciar essas ideias reformistas quando Johannes Bugenhagen (1485-1558), cura de Wittenberg, publica em 1525 sua Carta aos Ingleses. Coligado com Lutero desde 1521, Bugenhagen torna-se seu amigo, confidente e confessor. É ele que vai abençoar, em 1525, o casamento de Lutero, e logo também se casa, após 13 anos de sacerdócio. Por uma longa carta particular escrita em 1526, que só será publicada em 1568 em Louvânia, Thomas More refuta as ideias perniciosas do Pommeraniano – sobrenome dado frequentemente a Bugenhagen em suas origens –, propagandista de ideias luteranas, em particular aquela da justificação somente pela fé. Conforme seu hábito, More se exprime com certa veemência ao lembrar a doutrina da Igreja, tal como foi ensinada após a vinda de Jesus Cristo:

Sobre os efeitos perversos da doutrina luterana:

> Fomentar a sedição, incitar os leigos contra os magistrados, sublevar os súditos contra seus príncipes, provocar a guerra e a carnificina, irás tu nos ensinar que isto é professar o Evangelho? Dize-nos, professor agregado ao Evangelho, destruir os sacramentos de Jesus Cristo, desdenhar os santos de Jesus Cristo, blasfemar contra a mãe de Jesus Cristo, menosprezar a cruz de Jesus Cristo, profanar os engajamentos com Jesus Cristo, romper o celibato prometido a Jesus Cristo, denegrir a virgindade consagrada a Jesus Cristo, aconselhar o casamento aos monges, como também às virgens, cujo véu significa a pertença a Jesus Cristo, e não somente aconselhá-los, este estupro perpétuo, mas entranhá-los por um exemplo ignóbil, responde-me, insigne professor do Evangelho – ou melhor, Evangelista de Lutero, melhor ainda, Lutero que é teu Jesus Cristo –, praticar e ensinar tais transtornos, isto se chama professar o Evangelho?

Sobre a defesa do esforço humano

> Se as obras não servem para nada, por que o pai de família contrata os desempregados para a sua vinha? (Mt 20,1ss) [...]. Por que o Batista exige que se produza dignos frutos de penitência? (Lc 3,7). Por que esta máxima do sábio: "A esmola apaga o pecado assim como a água apaga o fogo?" (Sb 3,3). [...] Sem dúvida, não devemos comprazer-nos do bem que fazemos porque tudo vem de Deus; antes tirar bom proveito do bem que se faz, pois é preciso se esforçar sem cessar para não ser salvo

> só pela fé, mas para chegar à vida eterna, evitando o mal e fazendo o bem (Sl 33,15; Pd 3,11). Deus não prometeu esta infinita recompensa a ninguém sem a fé, mas não só pela fé [...]. A Escritura atesta claramente que é para as obras acompanhadas pela fé que se obtém a recompensa eterna [...]. Nós todos sabemos e proclamamos que nenhum mortal pode algo sem Deus. Mas, na vossa demência, ireis mais longe. Vós afirmais que o homem nada pode, mesmo com Deus [...]. Ora, Jesus Cristo mostra claramente que está sempre disposto a ajudar, mas ele não ajuda quem não se deixa ser ajudado. "Quantas vezes", diz ele, "eu quis reunir-vos como a galinha recolhe os pintainhos, mas vós não quisestes" (Mt 23,37).

Após essa tomada de posição, que não se aplica senão a ele, More é solicitado oficialmente pelo clero inglês, cujo porta-voz é seu amigo, bispo de Londres, Cuthbert Tunstall. Este bispo, de quem More foi colega por ocasião do encontro anglo-imperial de Bruges em 1515, recebeu o mandato por uma carta datada de 7 de março de 1528 para defender a antiga fé contra os hereges. Tal pedido é um tanto surpreendente, pois a Igreja da Inglaterra não tem falta de teólogos. E More não é o único. Tunstall explica no começo de sua carta:

> Cuthbert, por permissão divina, bispo de Londres, ao honradíssimo e ilustre Thomas More, seu irmão e amigo muito querido, saúde no Senhor e a bênção.
> Depois que na Alemanha a Igreja de Deus foi infestada pelos hereges, numerosos filhos da iniquidade se esforçaram para introduzir em nosso país a heresia de Lutero. Eles traduziram para a nossa língua opúsculos corruptores que foram impressos em grande número de exemplares para espalhar seus dogmas empestados, tão contrários à verdade católica [...]. Nenhum outro método será mais fecundo do que esse que consistirá em imprimir ao mesmo tempo em nossa língua tanto a verdade católica como seus dogmas insensatos [...].
> Assim, caríssimo irmão, vós que podeis rivalizar com Demóstenes em nossa língua materna e na língua latina, e que em todas as nossas assembleias sois o defensor mais ardente da verdade católica, não poderíeis empregar horas melhores de lazer que vossas ocupações permitem, do que fazendo aparecer em nossa língua livros que abrirão os olhos do povo simples e sem cultura sobre a armadilha dos hereges, enfrentando esses depositários da impiedade [...].
> Não hesiteis! Ajudai a Igreja com toda a vossa autoridade, eu vos peço em nome do Senhor. Para isso, nós vos damos e concedemos a licença e a permissão para ter e ler as obras heréticas!

Essas heresias têm um campeão na Inglaterra: Willian Tyndale, líder dos protestantes perante Henrique VIII. A primeira censura feita a Tyndale é de ter ousado traduzir para o inglês e ter publicado uma tradução do Novo Testamento sem a licença das autoridades eclesiásticas. Em 1524, Tyndale deixa definitivamente a Inglaterra e manda imprimir sua tradução na Colônia. Para More, essa tradu-

7. Amizades, prosperidade, renome e... nevoeiros (1523-1528)

ção está corrompida, pois foi tomada por ideias heréticas. Tyndale torna-se o seu principal adversário, uma vez que veio "contaminar" os ingleses com sua falsa teologia emprestada do reformador suíço Zwínglio.

É uma nova página que se abre para Thomas More, promovido defensor da Igreja, da qual conhece bem as fraquezas e faltas contra os valores evangélicos de seus numerosos membros. Uma ideia-força de More à qual sempre se apegará e que já havia expressado no seu livro *Reponse à Luther*, é esta: "Mesmo que a Igreja tenha pecadores entre seus membros, incluindo os representantes da mais alta hierarquia, é santa porque é santo seu fundador, Jesus Cristo, morto e ressuscitado para remir esses pecadores".

More obedece ao mandato de Tunstall e se dispõe, apesar de suas múltiplas atividades, a redigir uma grande obra em inglês. A forma escolhida por More, clássica desde a Antiguidade, é aquela do diálogo fictício que se inspira nos diálogos socráticos. Dois personagens estão em cena. O primeiro com o nome de "o mensageiro", jovem erudito, debutante herético, vai representar as teses de Lutero. O segundo é de fato More em pessoa, dissimulado sob a máscara de ator, que acolhe (hospeda) em Chelsea.

O diálogo, muito vivo e bem imaginado, permite a Thomas More, afeito ao teatro e ator em sua juventude, abordar todos os temas com muita flexibilidade. *Diálogo ao encontro das heresias* destina-se a mostrar aos leigos e padres como prender um jovem e afastá-lo dessa doutrina malsã. More não hesita em fazer intervir no diálogo personagens reais, como seu próprio pai ou o cardeal Morton, o que permite situar tal diálogo em lugares geográficos comuns aos leitores. Segundo a diferença dos primeiros escritos polêmicos de More, "o diálogo" é muito cortês, mesmo amigável, pois o objetivo é dissuadir "o mensageiro" de perseverar na heresia. Conforme More, a definição de heresia é simples: "Heresia é uma seita e um caminho de través para voltar à fé comum e à doutrina de toda a Igreja". Esta última afirmação é um *leitmotiv* que, em todos os seus escritos e suas palavras, refere-se à convicção e ao consenso unânime da comunidade dos cristãos, segundo os quais de 500 anos para cá, a Igreja Católica não pode estar no erro.

Editado em 1529, *Dialogo ao encontro das heresias* retoma a quase totalidade de assuntos em desacordo entre católicos e protestantes, já lembrados: O livre arbítrio; a justificação só pela fé, mas boa crítica das romarias; a negação dos milagres. Mesmo parecendo pouco, a crítica ao vocabulário, escolhida por Tyndale, é outra ilustração dos desvios, resultado de uma tradução tendenciosa. Dois exemplos: Tyndale não fala mais "padre", mas "ancião", troca a palavra

"Igreja" por "congregação". Nesse diálogo amigável More, conforme seu costume, alterna propostas sérias apoiadas em textos da Escritura e faz referência aos escritos dos padres da Igreja até por citações dos sábios da Antiguidade, com digressões extremamente estranhas, por vezes espantosamente incríveis.

Se não é possível no quadro de uma biografia apresentar uma análise detalhada de *Diálogo ao encontro das heresias,* citemos a título de exemplo o argumento de More opondo-se à doutrina de "somente a Escritura" como ensinamento de Jesus Cristo para todos:

> Lá onde Nosso Senhor diz que suas palavras não passarão e que nem um "j" será perdido (Mt 5,18), ele falava de suas promessas feitas em verdade como a fé e a doutrina que ensinou pela sua boca e sob inspiração divina. Já perdemos diversas partes, muito mais do que saberíamos dizer. E, entre aqueles que temos, temos livros corrompidos em parte por copistas ruins.

O longo extrato de *Diálogo ao encontro das heresias* mostra a esse respeito o valor de um tom amigo, confiante, sorridente e, aliás, muito raro nos escritos polêmicos antiluteranos de More. Thomas More provoca "o mensageiro", que se recusa a crer na possibilidade de milagres.

> Se a gente (o mensageiro) contasse diante da imagem de um crucifixo que viu um morto ressuscitar, vós ficaríeis todos maravilhados e não estaríeis errados. Ora, eu poderia contar-vos uma coisa: eu mesmo vi e me parece uma grande maravilha. Mas eu não tenho coragem de contar, porque sois de tal maneira circunspectos e reservados, desde que se trate de crer em milagres, que, além de não crer em mim, perderíeis a confiança em minha narrativa. Desapareça, se disserdes seriamente que vós mesmos vistes, eu não quereria nem poderia recusar.
> – Bem! Criei coragem para vos contar. Não direi nada do que não posso, se necessário fosse, provar com boas testemunhas.
> – Nem será necessário, monsenhor – diz ele. – Eu vos suplico. Estou entendendo.
> – De acordo, digo eu. Trata-se de um homem que voltou da morte para a vida. Havia na paróquia Santo Estêvão de Walbrook em Londres, onde eu morava antes de vir para Chelsea, um homem e uma mulher que ainda hoje têm vida e falam. Eram ainda jovens, um e outro. O mais velho, estou bem certo, não passava dos 24 anos. Acontece, como acontece entre jovens, que eles se entreolharam, se gostaram e após muitos obstáculos – pois a mãe da jovem se opunha fortemente –, puderam se casar. O casamento aconteceu na igreja Santo Estêvão. Lá não acontecem muitos milagres, mas na festa de Santo Estêvão, na qual se junta um pouco mais, vem o povo fazer suas devoções.
> Para abreviar minha narrativa, esta jovem – como é costume para a esposa, vós sabeis muito bem – foi conduzida ao leito à noite por mulheres honestas. Em seguida, o marido se pôs no leito. Cada uma saiu do seu lado, deixando os dois sozinhos. Nessa

7. Amizades, prosperidade, renome e... nevoeiros (1523-1528)

mesma noite, prestai atenção, pois eu não minto, minha fé, para dizer a verdade, não estou bem seguro sobre a data, mas seguramente... como apareceu em seguida... provavelmente na primeira noite ou qualquer outra data pouco depois, a menos que tenha tido lugar, pouco depois...
– Pela data, nenhuma importância – disse ele.
– Mas tudo é verdade. Quanto aos fundamentos da história, toda a paróquia está pronta para atestar a verdade, sabia-se que esta moça era muito honesta. Mas, para concluir, a semente de ambos se reuniu no corpo da mulher, inicialmente no sangue, e, em seguida, na forma de um homenzinho. Tornou-se vivo e grande. A mulher tinha dado à luz uma criancinha. Palavra! Seu tamanho não passava do tamanho do meu pé. Seguramente, garanto que agora ele está maior do que eu.
— Isso faz muito tempo?
– Minha fé me diz, 21 anos mais ou menos.
— Bah! Diz ele. Eis um belo milagre.
– Seguramente, digo que eu não sei de um homem no mundo que possa ter tido outro começo. E penso que não existe um milagre tão grande como a ressurreição de um morto.
– Se vós pensais assim também – diz ele –, é o vosso sentimento que é surpreendente, pois nenhum outro, como suponho, sente a mesma coisa.
– E sabeis qual a causa disso? Nenhuma outra além da familiaridade rotineira. O espetáculo cotidiano suprime o espanto. É por isso que não sentimos nenhum assombro diante do fluxo e refluxo do mar ou do Rio Tâmisa, porque vemos isso todo dia. Mas, quem nunca viu as marés oceânicas nem ouviu falar delas, ficaria fortemente deslumbrado ao ver a massa d'água erguer-se contra o vento num vaivém regular sem percebermos a causa que a impele. Se um homem cego de nascimento recuperasse a vista de repente, com que assombro não veria o Sol, a Lua e as estrelas, enquanto quem as viu durante 16 anos seguidos não se deslumbra tanto como na primeira vez, como também se espantaria ao ver pela primeira vez a cauda de um pavão.
E não vejo nenhum motivo válido e razoável para achar mais maravilhoso o retorno de uma vida para a morte do que a geração, a entrada no mundo e o crescimento de uma criança até a idade viril. Estou certo de que, se virdes os mortos voltar tão regularmente à vida quanto pessoas vindo ao mundo naturalmente conforme a natureza, achareis menos maravilhoso devolver a alma ao corpo que conserva ainda a forma e os órgãos sem perigo de perecer, do que criar esse organismo todo novo a partir de uma alma para seu crescimento.

Antes de concluir este capítulo, pode-se perguntar o por quê dessa veemência habitual de More contra os hereges que não encontramos nesse diálogo. Não será devido ao verdadeiro pesadelo que representa para ele, desde o início de suas ideias, a divisão entre cristãos fonte de sedição e anarquia? Como a túnica inconsútil foi sorteada pelos soldados após sua crucifixão para evitar que fosse descosturada (Jo 19,23-24), segundo More, os cristãos são chamados para ser UM porque são o Corpo de Cristo.

8. DA GLÓRIA À RENÚNCIA LIVREMENTE DECIDIDO (1529-1532)

Nicolas Gueudeville não faltou com o humor ao escrever há 300 anos no seu *Abrégé de la vie de Thomas More* (*Vida resumida de Thomas More*) por que Henrique VIII queria por fim à sua união com a rainha Catherine d'Aragon:

> Henrique VIII vivera tranquilamente com sua cunhada metamorfoseada em esposa. Tinha tido uma filha que, depois da morte prematura de Eduardo VI, seu irmão, reinou sob o nome de Maria. Num só golpe, Cupido se erige em casuísta; o filho de Vênus é "pau para toda obra". O rei começa a abrir os seus olhos sobre sua "Situação Conjugal"; acreditando ou "fingindo" que acredita no caminho do inferno, suplica humildemente ao papa que dê a sua alma o descanso e rompa uma ligação criminosa que o fazia temer pela sua saúde. Quem acreditaria que o amor libertino pode operar uma tão bela conversão? Deus serve-se de tudo, e, às vezes, do diabo, sem ele saber – tão astucioso diabo que é –, trabalha pelo "Paraíso".

Este "grande negócio" do rei – causa principal da futura saída de Thomas More da vida pública – está no centro deste período. Mas antes de estudá-lo convém falar da notoriedade de More, até seu pináculo no ano de 1529.

Sucessos

Às obrigações inerentes a suas diversas responsabilidades vêm se juntar as missões específicas, como a participação nas novas comissões de paz no Middlesex, numa comissão de esgotos ou numa tentativa de arbitragem sobre um litígio entre a cidade de Londres e a universidade de Oxford.

Instigado por Erasmo, Juan Luís Vives faz aparecer uma nova edição monumental de *Cité de Dieu* (*Cidade de Deus*), de Santo Agostinho, dedicada ao rei Henrique VIII. Os importantes comentários de Vives retomam frequentemente temas caros a More, como aquele dos comportamentos abusivos dos notáveis de Roma:

> Os patrícios ou senadores... reduziam fortemente os lucros e emolumentos do povo, para os aplicar para eles e sua gente, sob alegação e pretexto de salvaguardar a dignidade do Senado, como também da República para que ela fosse poderosa e rica. Mas, na verdade, cada qual lutava e se debatia para estabelecer o seu poder.

Não é sem razão que nessa edição Vives elogia seu amigo Thomas More, conferencista há 25 anos, sobre essa mesma *Cidade de Deus*.

Após a publicação de *Dialogue à l'encontre dês hérésies* (*Diálogo ao encontro das heresias*), em junho de 1529, uma comissão régia, datada de 30 de junho, encarregou Tunstall e More de representarem o rei numa conferência em Cambrai. Nesse mesmo 30 de junho, Jean du Bellay, embaixador da França na Inglaterra, escreve ao rei Francisco I: "Henrique VIII está 'amolado' porque os interlocutores começam dentro de dez dias. Procurai prolongar um pouco o prazo". Conforme o cardeal Lorenzo Campegio, em missão na Inglaterra, Wolsey está muito contrariado por não fazer parte dessa embaixada. Para satisfação de todos, a paz foi assinada no dia 5 de agosto. Esse tratado não concerne oficialmente senão a paz com Francisco I. A presença da Inglaterra nessa conferência tornou possível, alguns dias antes, a assinatura de um armistício entre Henrique VIII e Carlos V. Nesse mesmo dia 30 de junho, Jean du Bellay, embaixador da França na Inglaterra por duas vezes, escreveu ao rei Francisco I: "Henrique VIII está amolado porque escreveu há dez dias: 'gente tão importante quanto Tunstall e More não pode viajar às pressas. Obrigai-vos em prorrogar um pouco o prazo". Conforme o cardeal Lorenzo Campeggio, em missão na Inglaterra, Wolsey está muito contrariado por não fazer parte dessa embaixada, mas sua estrela começa a se apagar, pois não chega a fazer avançar a anulação do casamento do rei.

Tunstall e More chegam dia 4 de julho a Calais onde as negociações entre os representantes de Carlos V, de Francisco I e Henrique VIII começam pela manhã. Para satisfação de todos, a paz é assinada no dia 5 de agosto. Tal tratado, no que concerne oficialmente à paz entre Francisco I e Carlos V, chega aos seguintes resultados: Francisco I, viúvo, aceita desposar Eleonora de Habsburgo, irmã do imperador. Além disso, recupera a Borgonha e se engaja para renunciar à Itália. Enfim, o tratado inclui o pagamento de um enorme resgate para liberar os dois filhos de Francisco I: Francisco e Henrique (futuro Henrique II), que estavam sendo mantidos em Paris como reféns e penhores da paz. Os negociantes ingleses tiraram o corpo fora, conseguindo a renovação do *Intercurso* (cf. cap. 4), o tratado comercial assinado em 1506. Sua diplomacia é tão atenciosa que escreve a Wolsey para o felicitar pela extrema cortesia dos enviados ingleses. Após a proclamação desse tratado

8. Da glória à renúncia, livremente decidido (1529-1532)

de paz na catedral de Cambrai, dia 15 de agosto, logo em setembro More dirige-se ao rei Henrique III em Woodstock, após o seu Conselho, para apresentar seu relatório, sendo que Tunstall não pôde acompanhá-lo, pois machucou-se ao cair de um cavalo. A satisfação é grande por essa paz conquistada que vai durar 15 anos. Thomas More orgulha-se pelo sucesso. É, aliás, a única missão da qual fala em seu epitáfio: "Ele (Thomas More) viveu com alegria um resultado para o qual contribuiu como embaixador, tratados refeitos entre os monarcas mais poderosos do mundo, e a paz, tão longamente desejada, devolvida ao mundo. Possam os céus consolidá-la e fazê-la eterna". Erasmo se fez seu eco quando escreveu a More: "Resta-nos suplicar ao céu, de todo o coração, para que esse dom seja perpétuo [a paz]".

Mas eis que, no momento em que More está cada vez mais engajado na vida pública, um incêndio devasta vários edifícios de Chelsea.

TRAGÉDIA DOMÉSTICA

Chelsea é a casa das alegrias familiares às quais More está profundamente apegado. Seu filho John desposa, nesse ano de 1529, Anne Cresacre, outra pupila confiada a Thomas More, que já vivia alguns anos sob o seu teto. Ora, dia 3 de setembro, na manhã do dia em que apresentou seu relatório ao rei, o marido da sua filha Cecily, Giles Heron, chega a Chelsea para comunicar que um incêndio provocado pela imprudência de um vizinho destruiu toda a colheita, já recolhida, do trigo. Essa desagradável notícia fez More reagir imediatamente, escrevendo uma carta particularmente "morena" (ao estilo More) a sua esposa:

> [...] Querida Alice, eu me entrego a ti de todo o meu coração. Nosso genro me informa que nossas granjas se acabaram, como também aquela de nossos vizinhos com todos os grãos que lá se encontravam. Se não fosse o bem querer de Deus, seria lastimável a perda de tantos grãos. Mas, se por um lado, aprouve a Deus que participássemos desse momento, por outro, não devemos nos conformar, mas alegrar-nos por esta "visitação". Não vamos lamentar, mas tomar a coisa pacificamente, agradecendo de coração tanto pela perda material como pelo ganho espiritual. Talvez tenhamos mais para agradecer pela perda do que pelo ganho, pois a sabedoria (divina) vê melhor o que é bom para nós do que nós mesmos o vemos. Convida toda a comunidade para ir à igreja contigo, a fim de agradecer a Deus por aquilo que nos deu, por aquilo que nos tirou, por aquilo que deixou, por aquilo que pode crescer, se lhe aprouver, quando quiser e se lhe aprouver deixar ainda menos para nós, que tudo seja conforme seu bem querer. Peço-te que faças uma boa pesquisa sobre o que nossos vizinhos pobres perderam. Dize-lhes para não terem nenhum cuidado sobre isso, pois nem que me restasse uma colher penso que nenhum dos vizinhos pobres deveria sair prejudicado por causa de um acidente acontecido em minha própria casa.

97

> Peço-te que te sintas alegre em Deus junto com os filhos e os de casa.
> Vê com os amigos a melhor maneira de te prover de grãos para nossa casa e ter em vista as sementes para plantar no próximo ano, caso achares bom conservar o solo conosco, em nossas mãos. Quer aches bom ou não, creio que não seria a melhor solução abandonar bruscamente todas as nossas terras e despedir o pessoal de nossa fazenda, depois de termos deliberado. [...] Entretanto, se tens pessoal suficiente para nossas necessidades e queres despedi-los desde que possam ter outros patrões, eu desejaria que não fossem despedidos bruscamente sem saber aonde ir.
> Ao chegar aqui, eu percebi que eles contavam comigo para ficar junto do rei, mas, em razão desse acidente, vou pedir permissão para ir te ver na próxima semana. Então discutiremos juntos sobre todas as coisas e veremos quais são as melhores providências a tomar. Envio-te, como a todas as crianças, o "até a vista" mais cordial que possas desejar.
> Escrito de Woodstock, no terceiro dia de setembro, pela mão do teu marido que te ama. Thomas More, cavalheiro.

Essa carta exemplar revela os sentimentos e a conduta de Thomas More: confiança em Deus, afeição à esposa, a quem confia a melhor maneira de agir, cuidado com seu pessoal de trabalho e vizinhos perante seus legítimos interesses pessoais. Tal concepção da responsabilidade individual, mesmo sem culpa, é o oposto daquilo que, por vezes, constatamos em nosso dia a dia na hora dos acertos mais ou menos justificados.

Retorno à vida pública

Durante as seis semanas que transcorrem antes da sua nomeação para a magistratura, More publica uma nova obra para responder a um folheto virulento intitulado *La supplication des mendiants*. Tal panfleto foi escrito por certo Simon Fish, discípulo de Tyndale, que surgiu no continente. Seu objetivo nesse período de grande marasmo econômico na Inglaterra é incitar o rei a confiscar todos os bens do clero, acusado de todos os males, da mendicidade ao despovoamento, passando pela extorsão de fundos e adultérios. Fish acha que é preciso obrigar padres e monges a terem esposas. Enfim, como Lutero, nega a existência do purgatório, apoiando-se na doutrina da justificação só pela fé, o que exclui todas as preces e boas obras para com as almas dos falecidos. Fish entende demonstrar com isso que não lesamos os mortos despojando a igreja, pois as preces e as missas pelas almas são sem efeito. More redige, então, às pressas pelo que parece, levando em conta suas múltiplas obrigações, a obra *Súplica das almas*, na qual, para chocar os leitores, dá a palavra às próprias almas do purgatório. Descreve nessa ocasião um purgatório assustador, talvez mais próximo do inferno do que do céu, como ima-

8. Da glória à renúncia, livremente decidido (1529-1532)

ginava o povo do seu tempo. More retoma, conforme seu costume, um por um, todos os temas de seu adversário e os refuta, seja pela Escritura, seja pela tradição. Sem analisar a integridade desse texto, pode-se ao menos citar um ou dois exemplos sobre um dos temas abordados: existe purgatório ou não? Essa interrogação é também o centro da discórdia para os primeiros protestantes.

Mas More é, como Lutero, sem indulgência em relação às falhas e aos escândalos de um clero numeroso, as chagas da Igreja:

> O luxo e a pompa eclesiásticos (dizem os hereges) prejudicam gravemente o bem comum. Longe de nós todo o desejo de defender os vícios, o fausto e as desordens do clero: Praza a Deus que o clero fosse menos mundano e também o laicato. Se uns e outros passassem somente meia hora conosco seriam curados e para sempre de todo os seus apegos às vaidades terrestres e fariam alguma diferença entre uma camisa de seda e uma de brim.

Bem na frente, More faz uma aposta semelhante:

> Para dizer a verdade quanto mais viajamos, mais nos perguntamos qual a mosca que picou os energúmenos que negam o purgatório ou dizem que as preces e boas obras não podem fazer nada por nós, os defuntos. Um pingo de julgamento é suficiente para se saber que, na dúvida, o caminho mais seguro é o melhor.
> Suponhamos que o purgatório não possa ser provado, que alguns afirmem resolutamente sua existência e, outros, o neguem não menos resolutamente. Vejamos qual dos dois grupos enganado terá de pagar bem mais caro por seu erro.
> De uma parte os defensores do purgatório, convencidos de que seus sufrágios e boas obras podem aliviar as almas que lhes são queridas, iriam multiplicar as preces e boas obras em seu favor. Não iriam perder o mérito de sua boa vontade, mesmo que sua opinião seja falsa, como não perde seu sofrimento por qualquer um que se julga não estar no purgatório, ou mesmo já estar no céu.
> Por outro lado, os adversários do purgatório não rezam por nenhum falecido – e ele está certo disso –, e isso é para eles um enorme déficit. É mais um dano positivo pelo fato de terem menos medo de pecar e ser punidos no purgatório. Vendo o monge andar descalço sobre o gelo e a neve, um janota perguntou o motivo desse sofrimento. O monge respondeu:
> – Na verdade, não é um grande sofrimento quando se pensa no inferno.
> – Entendi, caro monge. Mas, se não houver inferno, estás bem "arranjado".
> – Mas, se existir um inferno, o senhor está mais "enrolado" ainda.

Essa obra está bem distante do que acontece no reino, onde Henrique VIII, cada vez mais irritado pela oposição papal quanto à anulação de seu casamento com Catherine d'Aragon, atribui ao chanceler Wolsey a responsabilidade desse fracasso. Retira dele essa tarefa para confiá-la a Thomas More. É a primeira vez na

Inglaterra que um leigo, sem título de nobreza, é nomeado para tal posto. Antes de se ver como Sir, Thomas More vai vivenciar essa responsabilidade tão próxima do poder régio; é tempo de falar desse "grande negócio" do rei, com consequências muito pesadas para a unidade da Igreja.

O "GRANDE NEGÓCIO" DO REI

De que se trata?

Em 1502, Arthur, filho mais velho do rei Henrique VIII, faleceu aos 16 anos de tuberculose. Casado com pouco mais de três anos, o jovem príncipe deixou uma viúva, Catarina de Aragão. A vontade de não se imiscuir em causas de aliança entre a Inglaterra e a Espanha, supôs que Catarina de Aragão, com 17 anos, desposou o irmão caçula de Arthur, jovenzinho de 11 anos, na morte do seu irmão. Para esse efeito, em 1503 um tratado assinado entre os soberanos dos dois países previu o casamento de Henrique e Catherine, de sete anos. Mas uma dispensa pontifícia é necessária para celebrar esta união quando Henrique tiver idade para se casar. Isso foi tratado desde 1503 pelo papa Júlio II, pouco depois da morte de Arthur. O casamento foi celebrado em abril de 1509, algumas semanas após o falecimento de Henrique VII. A coroação teve lugar no dia 24 de junho de 1509, justamente antes dos 18 anos do novo rei Henrique VIII, quando a rainha estava então com 25 anos. Desse casamento nasceram seis filhos, dos quais cinco morreram prematuramente. Restou apenas uma filha, Mary, a futura rainha Mary Tudor. Esse casamento "político" parecia ser feliz nos primeiros anos.

No mais, Henrique VIII lamenta não ter um herdeiro masculino para sucedê-lo, mesmo se, à diferença da França, as mulheres pudessem reinar legalmente na Inglaterra. Como, além disso, a aliança com Carlos V foi rompida, este último, não querendo mais desposar Mary, filha de Henrique VIII e de Catarina de Aragão, rompe o casamento com a rainha, que não tem mais uma justificação diplomática. Mas a ideia de pedir a anulação desse casamento responde também a outras motivações e, em particular, a de desposar uma dama de honra da rainha, Anne Bolena, jovem de boa nobreza, muito ambiciosa, até mesmo intrigante. Sua irmã, Mary Bolena, já é secretária do rei, mas Ana ambiciona vida mais alta: quer tornar-se rainha e fica se exibindo diante do rei que, bem mais nova que a rainha (ela com 20 anos em 1527, enquanto a rainha tem quase 38), lhe dará o filho que deseja ter. Henri, rapaz apaixonado, torna-se muito amoroso com Ana Bolena, como demonstra a sua correspondência. É capaz de tudo para atingir seu objetivo. O rei, defensor da fé católica desde 1521, conhece os textos da Bíblia e pensa ter

8. Da glória à renúncia, livremente decidido (1529-1532)

encontrado uma razão moral e teológica para justificar sua vontade de anular seu casamento. Essa razão repousa sobre dois textos do Levítico: "Não descobrirás a nudez da mulher do teu irmão. É a nudez do teu irmão" (Lv 18,16). E este: "Se um homem toma a mulher de seu irmão, isto é uma impureza; descobriu a nudez do seu irmão: não terão filhos" (Lv 20,21). Evidentemente essa frase significa para Henrique VIII que ele está sendo punido do seu pecado não tendo mais filhos. Mas outro texto extraído do Deuteronômio enfraquece tal ponto de vista no caso de viuvez: "Quando irmãos moram juntos e um deles morre sem deixar filhos, a mulher do falecido não se casará fora, com um estranho, mas seu cunhado vai ter com ela e irá desposá-la [...]" (Dt 25,5). Como diz com humor um biógrafo recente de Henrique VIII: "É picante constatar que o rei utilizava o pretexto da fraternidade, no caso de seu casamento com Catarina de Aragão, para pedir sua anulação, mas achava perfeitamente normal pular da cama de Mary Bolena para a cama da sua irmã".

A partir daí começa uma longa controvérsia jurídico-teológica: Parece que o rei sente-se amaldiçoado por Deus; ele quer mostrar que a dispensa papal obtida é nula. A partir de 1527 ele confia esse negócio a Wolsey, legado do papa, porque seu resultado é igualmente muito político, por conta de alianças ou desavenças sucessivas entre os três principais soberanos e o papado. O rei começa também a consultar a sua roda vizinha de amigos, seu confessor, especialistas de exegese, bem como Thomas More, conselheiro prudente. Existe uma carta endereçada por este último, em março de 1534 para Thomas Cromwell, braço direito (e alma condenada?) do rei. Essa carta nos permite saber o que aconteceu a partir de outubro de 1527, entre o soberano e More:

> [...] Voltando de "Outre-Manche, onde já havia estado para negócios do rei, eu visitei, como era meu dever, Sua Majestade que, nessa época, residia em Hampton Court. Nesse momento, quando Sua Alteza caminhava apressada pela galeria, abriu-se comigo sobre esse "grande negócio", e me mostrou que esse casamento não só se opunha às leis positivas da Igreja e à lei escrita por Deus, mas igualmente à lei natural, indicando que não podia de modo algum depender de uma dispensa da Igreja. Para dizer a verdade, antes da minha partida para Calais, como legado já ouvi certas coisas avançadas contra a bula, a dispensa concernentes aos termos da lei do Levítico e do Deuteronômio para provar que a interdição era de direito divino. Portanto, na época não percebi outra coisa, se havia nisso uma esperança mais sólida sobre o "problema", por exemplo: falhas encontradas na bula, pelo qual, conferida com a lei, era insuficiente. A não ser se a esperança mais sólida do negócio se apoiava em certas falhas que foram encontradas na bula, por causa das quais a bula, comparada com a lei, era insuficiente. E eu mantive o espírito tranquilo a esse respeito à medida que entendi, durante um momento, que o conselho da outra parte era levar avante um *bref* (carta do papa de

> caráter privado), que lhe permitia concluir que as falhas estariam eliminadas. A autenticidade desse *bref* foi colocada em dúvida pelo Conselho do rei, gerando muita agitação [...]. Não fiquei sabendo ou não estou lembrado como ficou o problema.
>
> [...] Nessa época eu mostrei, como era meu dever, sob sua ordem, o que eu pensava das palavras que li. A esse respeito Sua Alteza, aceitando de bom grado minha resposta, súbita e irrefletidamente, ordenou-me que refletisse mais amplamente com o Mestre Fox, agora esmoler de Sua Majestade, e de ler com ele um livro que estava na fase de composição para esse problema. Após ter lido esse livro e ter transmitido novamente à Sua Alteza meu pobre conselho, Sua Alteza, príncipe prudente e virtuoso, reuniu, num outro momento em Hampton Court, um bom número de homens eruditos.

Numerosos livros narraram esse "grande negócio". More, alta testemunha desse tempo, dá a versão que fará parte da defesa quando foi publicado dois anos depois. É nesse contexto, tão perturbado, que Thomas More torna-se chanceler do reino da Inglaterra. Ele sabe bem que o soberano rejeita tudo o que se intromete nas suas vontades. A sórdida comédia montada durante verão de 1529 pelo rei, que se faz convocar (!) pela rainha para "um tribunal" eclesiástico nomeado pelos seus para julgar em favor da nulidade do seu casamento, é uma ilustração exemplar. Embora a rainha tenha se prostrado a seus pés e suplicado: "Quando me tomaste pela primeira vez, Deus me seja testemunha, e era uma jovenzinha na qual nenhum homem havia tocado e tua consciência vai dizer que não". Catarina de Aragão, tendo declarado que seu casamento com Arthur nunca foi consumado, se casara conforme o costume das núpcias das virgens, vestida de branco e os cabelos esparsos, foi o que o rei confirmou numa carta ao seu sobrinho Carlos V.

Diante dessa súplica tocante, Henrique VIII ousa afirmar aos legados pontifícios:

> Meus senhores, legados da Sé apostólica, encarregados de vos pronunciar nessa causa grave e essencial! Eu vos suplico e imploro para considerar que meu espírito e meu entendimento só ficarão satisfeitos quando minha consciência for tranquilizada. Todos os bons cristãos conhecem aquela dor e aquele dilaceramento entranhados de quem sofre na sua consciência. Eu vos juro sobre minha fé que esse "negócio" perturbou tanto meu espírito e turvou a minha alma que nem consigo me dedicar ao bem do meu povo e do meu reino.

O CHANCELER DO REI

Por que Thomas More aceita tal nomeação? Não se pode duvidar que ele se sente orgulhoso por essa grande promoção, mas não sem inquietação, como escreve ao seu amigo Erasmo: "Eu, que há muito tempo sonho e aspiro pelo descanso, veja só

8. Da glória à renúncia, livremente decidido (1529-1532)

que tarefa, ser mergulhado em afazeres, por sua vez, muito numerosos e importantes". A resposta podemos, talvez, encontrar no seu livro *Utopia*. More sabe que arrisca se encontrar diante da contradição irredutível de toda a vida política: oposição entre o conceito moral em todas as suas dimensões e a ação que visa por princípio o poder, instrumento a serviço da ordem, porém atraído por uma responsabilidade a serviço do bem comum. O que diz Raphael Hythlodée-Thomas More no início da ficção utopiana, escrita mais de 20 anos antes de ser nomeado chanceler?

> Meu caro Rafael, está muito evidente que não sois ávido de riquezas nem de poder [...] agiríeis de maneira verdadeiramente digna de um espírito muito generoso e muito profundo "amigo da sabedoria" como o vosso, se aceitásseis colocar vossos dons e vossa atividade, mesmo a preço de sacrifícios pessoais, a serviço dos negócios públicos. Entretanto, jamais poderíeis realizar mais eficazmente esse ideal do que fazendo parte do conselho de algum grande principado no qual vos inspiraríeis – estou certo de que essa seria vossa ambição – em medidas conforme o direito e a moral. De fato, é do príncipe que decorre, como de uma fonte inesgotável, a torrente de benefícios e malefícios que saciam todo um povo [...] vós seríeis, não importa de qual rei, um eminente conselheiro.

No livro *Utopia*, Hythlodée-Thomas explica bem ao seu interlocutor por que não está de acordo com ele, mas, na realidade, More aceita a missão do serviço público. As responsabilidades do novo chanceler são múltiplas, comparáveis àquelas do Primeiro Ministro da França de hoje. Da mesma forma, conforme a concepção do chefe d'Estado, seu papel é mais ou menos importante como na Inglaterra. Assim conforme a concepção devida ao chefe de Estado, seu papel é mais ou menos importante, a situação é análoga à Inglaterra. Thomas More não será, pois, um novo Wolsey, e isso, por várias razões:

Henrique VIII não quer um chanceler que seja outro Wolsey, príncipe da Igreja, que se comportava como um verdadeiro soberano, fazendo-lhe até sombra.

More, muito menos ambicioso que Wolsey, tem uma concepção da vida política que é unicamente aquela da procura do bem comum.

More, cuja integridade é reconhecida por todos, não procura nenhum enriquecimento pessoal. Ele se vê como um servidor do rei, obedecendo fielmente as suas instruções, assumindo os compromissos, inevitáveis a esse nível de responsabilidade.

Enfim, como ele sabe e sente que tudo o que pode ter uma relação qualquer com o "grande negócio" do rei, seja no plano diplomático, seja no plano eclesial, é um verdadeiro tição de fogo, More consagra os 30 meses de sua chancelaria essencialmente à vida administrativa, judiciária e financeira do reino.

Nomeado chanceler no dia 25 de outubro de 1529, More inaugura sua função de manhã no palácio de Westminster, prestando o juramento de costume que, a partir de março, comporta o compromisso expresso de reprimir a heresia em nome do rei. Na primeira sessão do novo Parlamento, o novo chanceler denuncia a conduta de seu predecessor e insiste sobre a necessidade de uma reforma espiritual, evocando a responsabilidade pastoral do rei. Em dezembro, ele assina com os outros "lordes" uma lista de crimes contra o antigo cardeal-chanceler Wolsey, que o soberano exilou e do qual confiscou os bens um mês antes. Wolsey não vai enfrentar o tribunal que o teria condenado. Ele vem a falecer durante sua viagem de volta a Londres.

Henrique VIII está ficando cada vez mais despótico e suas necessidades financeiras crescem sempre mais. Para trazer o clero às suas vistas, mas também para meter a mão em seus bens – pois as festas faustosas, as guerras e as recompensas para os fiéis do rei custam caro –, Henrique VIII faz pressão com todos os meios. Essa necessidade de dinheiro leva-o a exigir do Parlamento um voto nada especioso: o Parlamento deve aceitar que o rei não reembolse os empréstimos que havia contratado. Depois de um tal voto, Henrique VIII, no cúmulo da hipocrisia, agradece o Parlamento.

Encurralado pela chancelaria ou pelas missões conexas – membro, por exemplo, de todas as Comissões de Paz do reino –, More é também mobilizado para refutar os hereges ingleses, em virtude do mandato confiado por Tustall e confirmado por Henrique VIII. Paradoxalmente, a despeito de seu conflito com o papa, defende vigorosamente a doutrina católica com o apoio de More, nas funções judiciais e nos escritos. É assim que uma comissão, presidida pelo rei e da qual More faz parte, elabora uma lista de erros contidos nas diversas obras cujas traduções bíblicas são de Tyndale. More deve publicar essa lista por ordem do rei, para uso dos pregadores. Revê também sua obra *Diálogo ao encontro das heresias*, cuja nova edição aparece em 1531.

Mantendo o sentido do que é essencial para ele, no dia 23 de abril de 1530, na semana da Páscoa e, sobretudo, na festa de São Jorge, patrono da Inglaterra, More e sua esposa Lady Alice recebem o certificado da Fraternidade Beneditina do Mosteiro de Christchurch de Canterbury. Essa fraternidade é certamente um apoio para Thomas More, que sente o chão faltar pouco a pouco sob seus pés. Como chanceler é incumbido de informar, em março de 1531, os deputados da Comuna que eles devem fazer saber nas suas circunscrições que as universidades estrangeiras aprovam o "divórcio" do rei. More, Presidente de Ofício da Câmara Alta do Parlamento, é constrangido a divulgar as instruções reais, mas

8. Da glória à renúncia, livremente decidido (1529-1532)

essa situação se torna insustentável. Para chegar aos seus objetivos, Henrique VIII recebe apoio de outro Thomas (Cranmer), que coloca toda a sua energia e habilidade a serviço dos interesses privados do rei. Esse futuro arcebispo de Canterbury faz parte da missão enviada ao papa para convencê-lo. Vendo as hesitações da diplomacia romana, Cranmer leva à frente uma regra antiga do direito inglês, aquela do estatuto chamado "premunir", que dá ao soberano o direito de definir o que juridicamente não pertence à justiça eclesial e de se premunir assim contra as ingerências pontifícias. A ideia de que o chefe do temporal, o rei, é o protetor universal da justiça e da religião caminha e cresce. É reforçada pelo seu título recente de "defensor da fé". De mais a mais, os poderes de jurisdição do papado, assim como suas exigências financeiras, são tidos como usurpações. É porque, quando o "grande negócio" coloca em jogo os interesses pessoais do rei, este pretende restabelecer a justiça decidindo que é ao Parlamento inglês que cabe resolver essa questão. Reconhecendo Henrique VIII como só e supremo Senhor, e, enquanto a lei de Jesus Cristo permite, como Cabeça Supremo da Igreja da Inglaterra, por ocasião do Sínodo Eclesiástico de Canterbury, em 11 de fevereiro de 1531, os bispos ingleses se inclinam. Sua submissão leva para uma situação paradoxal: é o rei que vai deter o poder espiritual, enquanto o papa retém apenas o poder temporal. Uma tal reviravolta escandaliza More, que sempre achou que o poder espiritual não pode pertencer a um príncipe temporal. O princípio da distinção entre os poderes temporal e espiritual já foi firmado na *Utopia*, mas também aquele da colaboração mútua a fim de garantir aos utopianos a justiça e a liberdade de consciência.

Em março do ano seguinte, a Câmara dos Comuns quer recolocar em causa o pagamento dos "anais", imposto recolhido por Roma. Uma outra questão foi posta em discussão, semelhante à da França, o galicanismo – por que continuar a pedir o acordo prévio com Roma para nomeação de bispos? Sobre esse ponto o poder real franqueou uma nova etapa em maio quando o rei fez a seguinte declaração:

Súditos bem-amados

Nós pensávamos que o clero do nosso reino fosse formado inteiramente por nossos súditos, mas agora estamos vendo bem que eles não passam de semissúditos, e, poderíamos dizer até que eles são apenas nossos súditos. Todos os prelados, por ocasião de sua sagração, não prestam mais juramento ao papa em detrimento do juramento que eles nos devem, de tal sorte que eles são seus súditos e não nossos súditos.

A CÂMARA ALTA DO PARLAMENTO (ATUAL CÂMARA DOS LORDES)

A Câmara Alta do Parlamento (atual *La Chambre des Lords* [Câmara dos Lordes]), onde os bispos tomam assento à exceção de John Fisher – bispo de Rochester e confessor da rainha Catherine, que não foi convocada e que está em prisão domiciliar – inclina-se sem condição. Desde a manhã o rei recebeu do duque de Norfolk, presidente dessa Câmara, o texto da "Submissão" do clero inglês. No mesmo dia, ulcerado e enojado devido ao laxismo da hierarquia diante do embargo da Igreja de seu país pelo rei, fazendo-se proclamar "Chefe Supremo da Igreja da Inglaterra", Thomas More pede para ser exonerado de suas funções de chanceler. Ele alega problemas de saúde, *surmenage* etc. Henrique VIII aceita essa demissão com pena. Sem dúvida, esperava-se convencer Thomas More de submeter-se à vontade real de desposar Anne Bolena, após ter feito anular seu casamento com a rainha Catarina, pela Igreja da Inglaterra, da qual tornou-se o chefe. Mesmo o duque de Norfolk manifestando oficialmente a gratidão do rei e do reino, e que o novo chanceler Thomas Audley abra a sessão do Parlamento em 1533 para uma vibrante homenagem ao seu predecessor, renunciando em nome do rei pelos seus excelentes serviços, More sabe que, maledicências, calúnias e difamações se espalharão.

9. DIAS SOMBRIOS (MAIO DE 1532 – ABRIL DE 1534)

Durante os dois anos que seguem à sua demissão, More se prepara para todos os tipos de problemas que podem afetar a ele e a sua família, inclusive os mais graves. Essa mudança radical de vida está explicada em detalhes na primeira biografia de Thomas More redigida pelo seu genro Willian Roper. Antes, porém, convém abordar o aspecto mais controvertido da personalidade de More: sua atitude e sua ação contra a "heresia" e contra os "heréticos", expressão empregada nessa época contra uma opinião religiosa tida como errônea.

O INIMIGO DOS REFORMADORES

Por mais espantoso que possa parecer ao caçador de heresia protestante, Thomas More recebe em casa um desses heréticos, um pouco antes da sua demissão. De fato, Erasmo pediu-lhe que acolhesse um discípulo de Zwínglio (1484-1531), humanista da Basileia, Simon Grynaeus, que fazia parte dos que negam a Presença Real do corpo e sangue de Jesus no pão e no vinho da missa (cf. cap. 6). Essa hospitalidade em Chelsea pode ser explicada através da sua amizade com Erasmo e Grynaeus, que trabalhou nas edições de *D'Ari Stone* e de *Tite-Live* e, talvez, na edição de belas-letras (seu amor), que partilha com ele, e até mesmo na esperança de trazê-lo para a ortodoxia. More fornece-lhe subsídios e abre-lhe as portas do que tem necessidade para suas pesquisas, vigiando tudo (com alguma dificuldade), para que não difunda suas "heresias". Grynaeus pode também encontrar numerosas personalidades, incluindo o rei Henrique VIII. Este último lhe dá dinheiro, com o pedido de, na sua volta, fazê-lo conhecer as respostas de teólogos e canonistas favoráveis ao reconhecimento da nulidade do seu primeiro casamento.

O acolhimento de um "inimigo" está em contradição com as palavras de More, em destaque neste capítulo, e nos outros onde ele aparece como defensor da Igreja. E isso é ainda mais surpreendente depois que Tunstall lhe pediu para ser o paladino da doutrina católica publicando seu *Dialogue à l'encontre des hérésies* (*Diálogo ao encontro das heresias*).

More não cessa de produzir novos escritos para enfrentar as teses dos propagadores dessas "heresias". Convencido de que combater os inimigos da Igreja

Católica é o dever do católico, ele não aceita nenhuma compensação financeira pelos seus trabalhos. Recusa para si, e mesmo como para os seus, o presente mais importante coletado pelos membros do clero para gratificar o seu trabalho:

> [...] prefiro ser jogado no Rio Tâmisa, do que reter para mim ou para os meus a moeda de um centavo. Pois bem que vossa oferta, meus senhores, seja na verdade sinal de muita amizade e honra; sinto alegria, por menor que tenha sido o proveito, pelas noites que sacrifiquei em cima desse trabalho que valeu a pena. E, agora, eu queria muito queimar todos os meus livros e fazer desaparecer todo o meu trabalho, contanto que todas as heresias fossem extirpadas.

O combate às heresias tornou-se para More sua principal atividade de escritor durante esse período de afastamento da vida pública. Aparecem sucessivamente varias obras: *La refutation de la réponse a Tyndale, Lettre à John Frith, 'Apologie, La demolition de Salém et Byzance* e *La réponse à un livre empoisonné* (a um livro envenenado).

La refutation de la réponse a Tyndale é uma obra monumental, publicada duas vezes para responder ao livro que Tyndale escreveu como resposta ao *Dialogue à l'encontre des hérésies*. Na obra *La refutation,* More se ocupa em demonstrar que há apenas uma Igreja autêntica: a comunidade visível dos fiéis que constitui o Corpo místico de Jesus Cristo sobre a terra, cuja autoridade não só não é afetada em nada pelos pecados de seus membros – mesmo se se tratar do papa. Os falsos profetas que dilaceram a Igreja são os precursores do antiJesus Cristo, como João Batista era o precursor de Jesus Cristo. A comparação entre João Batista e os propagadores das heresias é eloquente:

> Sua vida (de João Batista) de castidade é um protesto contra o desenfreio; sua pregação sobre a penitência refuta a teoria deles sobre a penitência; ele não incita o primeiro que se apresenta para se erigir como apóstolo e pregador, mas convida os ouvintes a fazer penitência [...]. E, com medo de que eles fizessem penitência sem sentido e não se sentissem quites crendo na promessa divina e fossem embora com a conta perdoada, João lhes mostra em sua própria pessoa em que consistia o modo de vida de um pecador convertido e o que significava "fazer penitência". Por isso, ele viveu na solidão, atraindo muitos visitantes com suas virtudes. Viveu no celibato consagrado e jamais teria tido mulher, mesmo tendo vivido duas vezes mais que Lutero. Viveu pobre e desconfortavelmente (O cilício que More carrega hoje não tem o mesmo sentido?). Ele viveu nas vigílias e na oração, no jejum e na penitência. Não bebia vinho e se contentava com água pura.

9. Dias sombrios (maio de 1532 – abril de 1534)

More repete nessa obra seu conceito sobre a autoridade dos concílios. Pode-se constatar que diversos concílios tomaram decisões diversas em vários momentos. Mas no que concerne aos artigos de fé, os artigos que devem ser necessariamente cridos, nenhum concílio reunido legalmente contestou ou puniu o outro.

A carta para John Frith responde a um tratado escrito para um padre novo que, ao chegar a Tyndale em 1528 pelo continente, se casa. Ao voltar à Inglaterra é condenado e queimado como herético em 1533. O tratado de Frith, publicado em 1532, volta novamente sobre a negação da Presença Real. Sobre esse assunto, More não faz nenhuma concessão porque tal questão está no centro da sua fé e da doutrina católica. Trata-se de um dos raros temas sobre os quais sua verve humorística não se manifesta. Sua argumentação é constante: os textos do Novo Testamento são sem ambiguidade, confirmados pela fé comum da cristandade católica e com a interpretação contínua dos padres da Igreja. More retoma e desenvolve o que já está escrito nos seus escritos precedentes *Carta à Bugenhagen* e *Diálogo ao encontro das heresias*. Diversos argumentos de More estão, aliás, próximos dos de Lutero que, tão pouco, transigiu sobre o dogma da Presença Real.

A obra *A apologia* responde a um panfleto anônimo. Um *Traité sur la division entre [pouvoir] spirituel et [pouvoir] temporel.* (Um tratado sobre a divisão entre [poder] espiritual e [poder] temporal), O autor, Christopher Saint German, é um jurista que deplora o questionamento sobre as indulgências ou sobre o culto aos santos pelos reformadores e também sublinha os abusos reais que danificam tais práticas. Lamenta a repressão da heresia pelo episcopado e, no geral, a divisão que existe entre as jurisdições civil e eclesiástica. More contesta que o clero utilizou o direito canônico para colocar em cheque as leis do reino e especifica: "Nunca negou a quantidade de pessoas em alguma das duas partes [clero e laicato] que foram sempre malvadas e responsáveis pelas próprias faltas. Estas coisas não devem ser imputadas ao corpo inteiro". Ele opõe ao pedido de perdão na questão das indulgências ou do culto aos santos para Saint German, a sabedoria do Parlamento, o consentimento de todas as nações cristãs e a sanção dos concílios gerais. Estão de acordo em tudo isso para autorizar o procedimento anti-herético.

Além dessa controvérsia jurídico-teológica, uma passagem de *A apologia* detém particularmente a atenção para que More se explique sobre seus sentimentos e sua conduta na luta contra a heresia:

> No que toca aos heréticos, eu detesto sua heresia, mas não sua pessoa, e gostaria de todo o coração que uma fosse destruída, e os outros, salvos. E sei o quanto isso é verdade, pois não tenho outros sentimentos contra quem quer que seja – qualquer desmentido que queiram me dar de nossos irmãos [protestantes], professores e pregadores da verdade –, e vereis, clara e plenamente, tudo o que já fiz de bondade e compaixão por eles, tudo o que já fiz por sua emenda, para o que poderia aduzir testemunhas se necessário fosse.

Assim que Saint German responde a essa *The apology* (*A apologia*), More lhe replica com *La de demolition de Salem e Byzance* (*A destruição de Salem e Byzance*). Após censurar Saint German pelas citações errôneas em *A apologia*, More retoma o debate a propósito da jurisdição eclesiástica e aponta os riscos que seu descrédito traz para a comunidade. Os bispos hesitam em fazer seu dever e aplicar as leis contra a heresia. Quanto aos parlamentares, serão tentados a revogar ou abrandar a legislação tradicional, o que terá por consequência subtrair os heréticos da justiça e os encorajar a lesar a lei.

La reponse (*A resposta*), um livro empestado, última obra polêmica de More, aparece em 1533. Nesse livro, More reafirma, apoiado em provas das escrituras, a fé na Presença Real de Jesus Cristo na Eucaristia, como resposta ao livro de um herético anônimo, *Le Souper du Seigneur* (*A Ceia do Senhor*). Pressionado pelo tempo e preocupado em impedir que as ideias heréticas se espalhem, More não chega a responder mais do que a metade da obra. Ele, que havia usado propriamente o pseudônimo de Rosseus em seu primeiro escrito contra Lutero, apresenta o autor como um trapaceiro:

> E o mestre Mime, sob um rosto mascarado, pouco se importa em lançar uma aposta com um par de dados falso. E é por isso, pois, que este homem, retirando seu nome do seu livro, revestiu-se com uma fantasia de disfarce, dissimulando sua pessoa para evitar a vergonha de uma mentira; e porque pede muito para ser chamado de mestre Mime, um nome que lhe cairia bem, em razão de seus dados falsos; nessa discussão entre nós dois, eu me contentaria dessa vez (faz bem que lhe dê um nome), na falta do outro nome seu, em chamá-lo de mestre Mascarado.

Em *La reponse* (*A resposta*) More insiste, entre outras coisas, na importância das obras a cumprir para se conseguir a salvação:

> Deus enviou os homens a este mundo para vigiar e trabalhar. Quanto ao sono e ao jogo, isso serve para refrescar o corpo fatigado, para se renovar na vigilância e no trabalho [...] de modo que cada qual esteja ocupado de um modo ou de outro, numa boa obra. Crer de maneira meritória de sorte que alcancemos a salvação não somente pela fé,

9. Dias sombrios (maio de 1532 – abril de 1534)

mas pela fé acompanhada por um amor ativo. Portanto, não se trata de crer simplesmente em Jesus Cristo, isto é, não ter apenas uma fé negligente, morta e parada, mas uma fé cheia de vida, viva e ativa que, pela caridade e boas obras, caminhe e avance sem cessar com Jesus Cristo.

Esse texto polêmico precede por pouco o último escrito de Thomas More, composto muito tarde para ser publicado. É um breve *Traité* (*Tratado*) para receber o corpo sagrado de Nosso Senhor, ao mesmo tempo sacramental como frutuosamente. Esse catecismo eucarístico apresenta os fundamentos da doutrina eucarística, uma das pedras de toque do cristianismo católico: a fé na hóstia visível, verdadeiro Corpo de Jesus Cristo e, por sua vez, a fé na Igreja visível, seu Corpo Místico. Uma citação revela bem a convicção íntima de More:

> Tenhamos certeza disto: Tomamos a Eucaristia porque ela é realmente o verdadeiro Corpo Santíssimo – Carne e Sangue – de nosso Divino Salvador Jesus Cristo, sob a forma e a aparência do pão; esse Corpo, que morreu na cruz por nossos pecados, e esse Sangue, que foi derramado (por nós) na Sua Paixão.

Todas essas obras mostram bem a profunda fé de Thomas More, a mesma da Igreja Católica e do rei Henrique VIII, fiel à missa e que permanece numa ortodoxia intransigente. Manda para a fogueira os que negam a "transubstanciação" (cf. cap. 6). More, servidor do rei e da Igreja, contribuiu para as suas condenações devido à violência dos seus escritos. Um tal comportamento pode chocar as pessoas do século XXI; é necessário também examinar as mentalidades dessa época: ponto de transição entre a Idade Média e a Renascença.

Responsabilidade de More na execução dos heréticos

A heresia é combatida pelos países onde existe uma religião do Estado, que é sempre como ocorre no século XVI. Conforme as épocas e os regimes políticos, a luta contra as heresias e os que as professam toma formas muito diferentes. Se olharmos somente a religião cristã, veremos que os primeiros cristãos foram conduzidos à morte pelas suas opiniões religiosas, pois sua fé contradizia o culto do imperador. Ao longo dos séculos, se todos os teólogos cristãos têm combatido as heresias e suas ideias, suas concepções quanto à repressão dos heréticos têm sido muito diferentes.

Um São João Crisóstomo considera que o poder civil deve simplesmente impedir os heréticos de espalhar suas ideias criando igrejas dissidentes, mas sem a condenação capital.

111

Por sua vez, São Jerônimo vai mais longe ao escrever no seu comentário da carta aos gálatas, de São Paulo: "É preciso cortar as carnes estragadas e expulsar do rebanho a ovelha sarnenta".

Santo Agostinho ensina que o poder deve reprimir com penas temporárias toda a heresia condenada pelos bispos, mas sem que o culpado seja levado à morte.

Quanto a Santo Thomas de Aquino, sua doutrina retoma por própria conta a opinião de São Jerônimo, mas é mais rude ainda. Explica que é preciso examinar o problema dos heréticos sob dois ângulos: o da hierarquia e o da Igreja. Para o herético, aquele cujo epíteto é "doutor angélico" declara o seguinte: depois do pecado, deve ser não só excomungado, mas tirado do mundo pela morte; com efeito, não existe nada mais grave do que corromper a fé, que é vital para a vida da alma. Quanto à Igreja, sua missão deve ser a misericórdia, pois ela existe para converter os transviados. Thomas de Aquino preconiza, porém, uma graduação de sanções com advertências sucessivas para o herético. Mas, se ele fica obstinado, deve ser excomungado para não contaminar os outros e, no estado último da obstinação, a Igreja o remete ao poder secular para ser levado à morte. Essa última concepção é a que predomina no século XVI, mesmo parecendo o oposto do ensinamento do Novo Testamento. Existe ainda outra teoria, segundo a qual as chamas da fogueira, símbolo das chamas do inferno, permitem queimar o pecado do herético e assim salvar a sua alma.

Thomas More, tão inovador em outras áreas, tão tolerante no relacionamento com as pessoas permanece, nessa questão, um homem da Idade Média que adere à doutrina do "doutor angélico", salvo sobre um ponto essencial: a separação do poder entre o espiritual e o temporal. Nisso ele segue Jesus Cristo, que assim responde aos que o interrogam: "Dai a César o que é de César, e a Deus o que é de Deus" (Mc 12-17). Já em *Utopia*: "Se é papel do padre dar conselhos e administrar correções, cabe ao governante e aos outros magistrados punir crimes e tomar medidas contra os culpados.

Conforme o que foi dito, a utilização da força física ou da coação ou da violência para submeter à lei, quer seja religiosa ou secular, foi considerada normal durante muito tempo. Quanto ao pensamento de More, contrariamente ao que foi afirmado por numerosos biógrafos, o autor de *Utopia* e o polemista não apresentam pontos de vista opostos a um Janus.

Em *Utopia* o rei Utopus decreta que cada qual será livre para praticar a religião que lhe aprouver [...] e poderá esforçar-se a fim de ganhar outros para a sua, mas expondo suas razões, sem forçar, destruindo as outras seitas [...], sem recorrer à violência nem se permitir algum insulto: aquele que demonstrar

9. Dias sombrios (maio de 1532 – abril de 1534)

nessa matéria um zelo insolente será punido com o exílio ou a escravidão. Ele acrescenta um princípio absoluto: nunca fazer um julgamento desconsiderado sobre qualquer questão relacionada à religião. Essa tolerância tem seus limites, mesmo com o povo não cristianizado: Utopus promulga uma lei severa inviolável proibindo profanar a dignidade da natureza humana, chegando a pensar que a alma morre com o corpo, ou que o capricho dirige os destinos do mundo com a ausência total da Providência. Porque acreditam que, depois desta vida, castigos punem os vícios e a virtude espera recompensas. Se alguém pensar o contrário, não se inclua mais no número das pessoas, pois passou da natureza sublime da sua alma para a vil condição do corpo da besta. Por uma razão mais forte não se dá mais lugar entre os concidadãos. As penas previstas são a infâmia pública, a perda dos direitos e privilégios de cidadão: proibição para aceitar cargos e empregos públicos...

Tal tolerância, embora relativa, não é retomada por More por sua conta, pois o proselitismo apaixonado dos reformadores é o contrário do que se admite em *Utopia*, visto que gera insultos e desordem, resultantes da tolerância. Diante do desencanto verbal daqueles que querem destruir a Igreja Católica, injuriando seus mais altos dignitários, criando um clima de violência no qual as paixões se exacerbam, More, homem da lei, juiz, responsável político e cristão engajado não vê senão uma solução: de uma parte refutar as teses contrárias retomando a forma e o fundamento de seus discursos, e, da outra, reprimir os heréticos, apoiando-se na doutrina de Thomas de Aquino.

Entretanto More se defende com vigor de toda a violência pessoal no encontro com os heréticos. "[...] Embora os heréticos sejam piores do que toda essa gente (ladrões, assassinos, sacrílegos), eu nunca os submeti a um tratamento desse gênero (chicote ou tortura), salvo em dois casos.

Certo pai luterano pediu para deixar seu filho pequeno comigo. Mas, antes de trazê-lo a mim, alimentou-o com novas doutrinas e serviu a George Joye. Este, apesar do seu caráter sacerdotal, casou-se em Anvers e recebeu consigo duas religiosas tiradas do seu convento por John Byrt, e fez delas moças de programa. George Joye ensinou a essa criança sua detestável heresia contra o Santíssimo Sacramento do altar, heresia que o menino, estando a meu serviço, transmitiu para outro menino. Quando fiquei sabendo do caso, ordenei a um dos meus domésticos que batesse com varas na criança, na presença dos familiares da minha casa.

O outro caso interessante é de um homem perturbado da cabeça que se comportava escandalosamente nas igrejas levantando, por exemplo, o vestido das mulheres durante os ofícios religiosos. Eu o fiz sair com policiais que o amarraram numa árvore na rua e bateram nele até dizermos "chega".

E, de todos os que caíram às minhas mãos por crime de heresia – prosseguiu More em tom solene –, ninguém recebeu de mim alguma maldade, a não ser, ficar fechado num quartinho apertado e seguro; mas não tão seguro que impedisse George Constantin de escapar, salvo ainda o fato de não ter dado golpes a ninguém, nem mesmo algum piparote na cabeça.

Não é menos verdade que heréticos foram queimados durante a chancelaria de Thomas More. A história de um deles, Thomas Bilney, é interessante para entendermos por que Bilney foi condenado à morte. Um padre doutor em Direito obteve uma licença para pregar na região de Cambridge. Nos seus sermões ele denunciava, entre outros, o culto aos santos, as relíquias, as peregrinações e a utilidade das boas obras porque, segundo Lutero, o pecador é salvo pela sua fé em Deus e na palavra de Deus. O cardeal-chanceler Wolsey mandou prendê-lo perto de Londres em maio de 1527. Em novembro foi apresentado diante de tribunal em Westminster. Foi-lhe dada a escolha de abjurar o que ele pregava ou morrer numa fogueira. O cardeal o convenceu de abjurar. Sua prisão terminou um ano depois, em novembro de 1528. De volta a Cambridge, sentiu muito remorso por haver abjurado [...]. Então, em 1531, recomeçou a pregar suas ideias heréticas. Foi detido e novamente preso, Bilney morreu na fogueira em 19 de agosto de 1531.

Mesmo se não tivesse concordado com essa sentença – e que não conseguiria deter –, More teria tido poder para se opôr como chanceler, pois, nessa data, ele substituía Wolsey. Nada é menos seguro, pois as leis do reino e do poder eclesiástico são todas concordantes: É preciso reprimir as heresias por todos os meios. É um verdadeiro dever salvar essas almas do caminho da perdição e purificá-las com o fogo da fogueira! A doutrina de More, expressa nesses escritos polêmicos, sancionou o poder eclesiástico que livra os heréticos do braço secular. Assim, associa-se também moralmente a essa "justiça". Pela diferença de nome das semelhanças já reveladas entre essa época e a nossa sobre tal questão, o século XVI não tem nada de comum com o século XXI no Ocidente, embora uma passagem da *Refutation de la réponse de Tyndale* não seja possível sem despertar um debate atual:

9. Dias sombrios (maio de 1532 – abril de 1534)

Se os turcos, os sarracenos e os pagãos tolerassem que a fé em Jesus Cristo fosse pregada pacificamente no meio deles, e se nós, cristãos, do nosso lado, aceitássemos que pregassem todas as suas doutrinas entre nós, excluída toda violência e de comum acordo, eu não duvido que a fé em Jesus Cristo, longe de sofrer diminuição, resultaria num imenso crescimento.

O exame histórico da responsabilidade direta de More na execução dos heréticos, sem dúvida, não nos permite fazer uma avaliação decisiva sobre esse lado sombrio da vida e dos atos de Thomas More. Após esse ensaio para compreender as motivações desse juiz, dessa política e desse cristão do século XVI, é possível voltar à vida do ex-chanceler e ver o que fazer.

A VIDA EM CHELSEA: DA DEMISSÃO À PRISÃO

Thomas More está dividido entre o alívio de ter obtido autorização real para deixar a vida pública e a expectativa quanto ao seu futuro pessoal, pois ele conhece bem o rei e o risco que sofre por não querer mais dar-lhe apoio no seu "grande negócio". More exprime seu alívio numa carta a Erasmo, justamente após sua demissão:

> Amabilíssimo e desejado Erasmo! Estás me entendendo, a coisa que eu desejo a cada instante, desde minha infância até hoje, eu quisera, para minha grande alegria, transformar o que me coube em partilha perpétua, o quinhão que acabo de receber da misericórdia de Deus imensamente bondoso e da graça de um príncipe tão complacente [...] de sorte que, livre dos negócios da vida pública, eu pudesse um dia, durante o tempo sem fim, viver só para Deus e para mim.

A carta termina voltando para o objetivo pessoal de More: "Meu desejo é levar socorro, na medida de minhas forças, não àqueles que a seu bel-prazer desertam da verdade (os heréticos), mas àqueles que são aliciados pelas astúcias dos falsários".

Pouco tempo depois, Erasmo, que não está sendo enganado devido ao pretexto dado por More para justificar seu pedido de férias, até mesmo seu estado de saúde, escreve: "More foi pelo rei desincumbido de seu ofício de chanceler. Ele receia, talvez, tornar-se odioso por causa do repúdio (de Catarina de Aragão) que ele sempre desaconselhou. More explica em outro correio: 'Os luteranos repetem por toda a parte que fui destituído e substituído por um nobre, o qual teria imediatamente libertado quatro evangelistas da prisão onde eu os havia enclausurado'".

Perante os seus, tal demissão tem consequências materiais muito importantes. Com efeito, More, cuja integridade é reconhecida por todos, obteve retornos importantes, mas não fez fortuna. Durante os dois anos que seguem após sua demissão, seus rendimentos foram consideravelmente reduzidos. Uma parte vai para o seu primeiro sucessor na chancelaria, Thomas Audley. Seu "doido", Henri Patenson, entre eles o lord-mestre de Londres etc. Numa tentativa pessoal de (mostrar) transparência, como diríamos hoje, ele convoca toda a sua criadagem para explicar que suas "indenizações de desemprego" tornam difícil a vida cotidiana. Sabendo que todos querem continuar vivendo juntos, More lembra sua família com seu humor natural: "Mesmo tendo passado a vida na pobreza, estudando, semelhante ao regime frugal de Oxford, mesmo assim, nossos recursos, não sendo suficientes, podemos mendigar juntos todo dia, com sacos e sacolas cantando a Salve Rainha em cada porta – assim continuaremos na nossa feliz companhia".

Se More sente-se plenamente responsável por aqueles que vivem sob o seu teto, também é certo que o luxo e o aparato nunca o embriagaram. Duas anedotas refletem ainda seu humor e ilustram o que é importante ou não para ele.

Sendo ainda chanceler, quando podia voltar para Chelsea, gostava de participar da vida paroquial e cantar na igreja. O duque de Norfolk encontrou-o sem querer um dia, no meio do coro, e diz-lhe então: "Meu senhor chanceler, és agora membro do clero da paróquia! Estais 'desonrando o rei e sua corte'". "Nada disso", respondeu Thomas More, "Vossa Graça não iria pensar que o rei, vosso e meu mestre, possa se ofender ou julgar uma desonra para vosso cargo, por estar servindo a Deus, nosso Mestre".

Alice, esposa de More, não tinha o humor do marido. Ela sentia-se, além do mais, orgulhosa por ser casada com o grande chanceler do rei, que lhe permitia viver em sintonia de vida com essa alta função. Um dos servidores do chanceler tinha o costume de, assim, no fim de um serviço religioso, ir até madame Alice e dizer: "Madame, meu lord já foi". Após sua demissão, o que More fez para tirá-la do seu pedestal? Ele foi atrás da esposa, fez-lhe uma grande saudação, no lugar do servidor ausente no momento, e disse: "Madame, meu lord partiu", explicando-lhe que ele havia renunciado ao seu posto de chanceler.

Mas tais anedotas não conseguem ocultar a gravidade da situação. More se dá conta de que vai ser difícil exercer seu desejo de se retirar do mundo para consagrar sua vida aos seus e à meditação espiritual. Conhece agora a alegria de ter filhos novamente, mas fica ansioso para saber o que estão tramando... Também sua intuição incita-o a pôr ordem àquilo que tem no coração. Redige seu epitáfio –

9. Dias sombrios (maio de 1532 – abril de 1534)

gravado sempre na pedra tumular em Chelsea –, que sintetiza suas etapas de serviço. More envia o texto a Erasmo: "[...] tendo, para defender a fé, redigido alguns livros em nossa língua contra certo número de meus compatriotas, que se faziam de campeões de dogmas sediciosos, imaginei que me faltava defender a integridade da minha reputação". Ao mesmo tempo, More faz transferir para Chelsea o corpo de Joan Colt, sua primeira esposa, que lhe confere ocasião de terminar seu epitáfio com um texto cheio de ternura:

> Aqui repousa Joan, jovem esposa querida de Thomas More.
> Eu destino esta tumba para Alice e para mim também.
> Uma, desposada nos meus verdes anos, me fez este presente:
> Que um menino e três meninas me chamem de pai.
> A segunda, pelos seus belos filhos
> (glória rara numa sogra),
> Foi tão devotada que, por seus próprios filhos, mal existiu.
> Assim viveu uma comigo, assim vive a outra.
> A mais querida, não sei se é a última ou se foi a primeira.
> Ah! Se pudéssemos ter vivido, os três reunidos,
> Que felicidade se o destino e a religião permitissem!
> Mas que a tumba nos reúna, que o céu nos reúna,
> Esta é minha ardente prece.
> Assim, o que a vida não pôde dar, a morte nos dará.

Enfim, Thomas More encontra um apoio para afrontar os perigos na meditação espiritual começando a redigir seu *Tratado sobre a Paixão*.

Mas o que acontece na Inglaterra em 1532 e 1533?

1532

O Parlamento vota o "Act for the restraint of annates" (Ata para a restrição dos anais). Anais são os rendimentos que um novo bispo deve pagar à Santa Sé. O Ato reduz esse imposto de 95 por cento! A Câmara da Comuna, encorajada por Cromwell, vota a "Supplication agains the ordinariest" (Súplica aos bispos ordinários). Sob injunção real, o clero se empenha em nunca se reunir sem o beneplácito do rei. Henrique VIII procura o apoio do rei da França sugerindo que o tribunal poderá decidir sobre anulação de seu casamento.

Francisco I é hóspede durante três dias do rei Henrique VIII e Anne Bolena em Calais. Recepção com muito luxo, presentes, torneios, roupagens etc. A amante do rei é nomeada marquesa.

Henrique VIII manda voltar o teólogo Thomas Cranmer, enviado em missão na Alemanha, para apoiar o "divórcio do rei" e ser nomeado como arcebispo de Canterbury. Cranmer é, portanto, obrigado a esconder seu casamento contraído com a sobrinha do pregador luterano Andreas Osiander quando de sua estadia na Alemanha.

1533

Em virtude do "Ato da restrição de apelação a Roma", votado pelo Parlamento, é a Câmara Alta do clero inglês que se torna a instância suprema nos processos canônicos no lugar de Roma. Não obstante, o papa aceita assinar a bula da investidura de Cranmer como arcebispo de Canterbury. Por ocasião de sua sagração, ele faz o sermão da submissão ao papa, mas, diante de um notário e de quatro testemunhas, Cranmer certifica "reservar tudo o que for ou parecer contrário à lei de Deus ou do rei e às leis e prerrogativas do país". Pouco antes da sua ordenação episcopal, Cranmer havia feito secretamente o casamento de Henrique VIII e Ana Bolena, grávida da futura Elizabeth I. Na quinta sessão do Parlamento, na qual Thomas Audley leu o elogio de More, Anne Bolena aparece em público como "rainha". Uma semana após sua nomeação episcopal, Cranmer, autorizado pelo rei a definir sobre esse caso, convoca seu tribunal de negócios para discutir o caso do "divórcio" real. Após um rápido procedimento, Cranmer declara nulo o primeiro casamento e não consumado e, cinco dias depois, valida o casamento com Anne Bolena. O bispo John Fisher é recolhido e vigiado de abril até novembro, após ter acusado o pai da nova rainha, Thomas Bolena, da compra de sufrágios universitários em favor da anulação do casamento real. Henrique VIII e Cranmer são excomungados pelo papa que declara nulo o segundo casamento. Catherine d'Aragon coloca sua autoridade moral a serviço da paz, dissuadindo Carlos V de intervir militarmente para evitar o cisma "anglicano". Aparece em Londres o livro dos nove artigos para justificar o segundo casamento de Henrique VIII. Anne Bolena, visivelmente grávida e ridicularizada pela população londrina, foi coroada no dia 1º de junho na abadia de Westminster. Elizabeth, nasce no dia 7 de setembro. Thomas More, convidado, recusa-se a assistir à coroação, o que Anne Bolena nunca perdoará. Mary Tudor, filha de Catherine d'Aragon e do rei, é expulsa da mansão real de Beaulie e tratada como bastarda. Thomas Cromwell é nomeado secretário de Estado, e, depois, primeiro ministro. John Frith, preso, escreve aos seus amigos que vai morrer por ter recusado aceitar a Presença Real de Jesus Sacramentado. De fato, em julho foi queimado na fogueira em Londres como herético.

9. Dias sombrios (maio de 1532 – abril de 1534)

O DITADO DO REI

De janeiro a 17 de abril de 1534, o que acontece na Inglaterra mistura-se estreitamente com a vida de Thomas More:

No início de janeiro, Cromwell redige um projeto de lei sobre confiscação de bens e condenação à morte civil. São visadas várias pessoas, entre as quais, John Fisher e Thomas More, incriminados de conivência com a traição de Elizabeth Barton. Chamada de "a freira de Kent", esta religiosa inglesa, um tanto exaltada, critica Henrique VIII há vários meses, censurando sua ruptura com Roma. Ela alega ter recebido mensagens de Deus, profetizando a morte do rei se desposar Anne Bolena.

Mas o que censuram em More? No fim de 1532, a pedido de um padre, ele encontra essa monja no parlatório de um mosteiro e não denuncia suas maneiras. Após uma conversa, More a aconselha por escrito, que não se meta em política, mas que se entregue à sua vocação de oração. Homem da lei e jurista prudente, sabendo que "as palavras e os escritos ficam", More conserva uma duplicata dessa carta que envia a Cromwell.

O projeto de lei é apresentado ao Parlamento, no qual a Câmara dos lordes recusa por três vezes aceitá-lo. Eis, senão quando, que na quarta leitura, a 2 de março, é aceito pela Câmara dos Lordes, porque o nome de Thomas More foi retirado da lista dos acusados. Mesmo se a ameaça parece se afastar, More é objeto de novos ataques.

Com efeito, no início de março More é convocado para comparecer diante de Cranmer, Cromwell, Norfolk e Audley, que o acusam de ter incitado o rei a escrever páginas a favor do poder temporal do papa na "Defense des sept acrements contre M. Luther" de 1521. Seus acusadores o chamam de sujeito traidor. Thomas More se defende com vigor, pois ele, muito ao contrário, é um moderador do rei. Nas cinco cartas que More encaminha a Cromwell, de fevereiro a março, ele expõe o que disse ao rei nessa ocasião, como aparece claramente na sua última carta de 5 de março de 1534:

> No que se refere ao primado do papa [...] é verdade que eu não era eu mesmo naquele momento, pois estava inadvertido de que o primado desta Sé havia sido instituído por Deus, até o momento em que li nessa relação o que Sua Alteza havia escrito no seu famosíssimo livro contra as heresias de Martinho Lutero: *La defense des sept sacrements*. À primeira leitura eu incitei Sua Alteza que abandonasse este ponto, ou o abordasse mais sobriamente, por medo que, de tais coisas, como consequência, pudessem surgir alguma questão entre ela e o papa, como já aconteceu mais vezes entre os príncipes e os papas. Quanto a isso, Sua Alteza me respondeu que de forma alguma queria depreciar seu propósito... Mas, de fato, após ter lido o livro de Sua Majestade a esse respeito

> e confirmado também pelos concílios gerais, ela, minha consciência, correria grande perigo de seguir o outro lado e negar o primado querido por Deus [...]. Este primado é, pelo menos, instituído pelo corpo da cristandade e por uma razão grandemente urgente: para evitar os cismas, é reforçado por uma sucessão contínua durante pelo menos mil anos [...]. E, pois, porque toda a cristandade é um só corpo, eu não posso perceber como um de seus membros pode, sem acordo comum do corpo, separar-se da cabeça comum. E, quanto aos concílios gerais reunidos legitimamente, sua autoridade deveria ser tomada como irrefutável. E, também, para que não houvesse nenhuma incerteza e não caminhasse para a desordem dia por dia, cada concílio ecumênico reunido legitimamente protege e protegerá sempre o Corpo da Igreja Católica, assistido pelo Espírito de Deus.

Nessa argumentação, More lembra mais uma vez a autoridade que decorre dos concílios ecumênicos e do consenso da cristandade na fé de todo cristão. Ele deduz disso que a ideia de rejeitar o papa chamando-o simplesmente de "bispo de Roma" não pode vigorar apenas no concílio de um país, mas sim no concílio geral da cristandade. Nesse mesmo mês de março o rei diz ao embaixador de Carlos V, Chapuys, que cabe a ele reunir à Coroa todos os bens dos quais as pessoas da Igreja se apropriaram. Diante desses fatos, Henrique VIII reclama para ele e seus sucessores uma dupla soberania, temporal e espiritual, e a supressão total de toda intervenção de Roma no país. O bispo de Roma é colocado em pé de igualdade com os outros bispos.

Os primeiros ensaios para a desestabilização de More são como a árvore que esconde a floresta. O que se ressalta, mesmo se sempre se ocultou, é o ressentimento de Anne Bolena, humilhada pela ausência de Thomas More no dia da sua coroação. Aparece também o despotismo do rei, que não pode aceitar que um de seus súditos, escolhido como principal conselheiro, tenha se escondido, recusando ser o apoio no seu "grande negócio". Mesmo assim, Thomas More ainda espera que o rei vá deixá-lo no seu retiro silencioso, para o que ele havia se empenhado. Isso porque More desenvolve num de seus correios à Cromwell o histórico dos engajamentos do rei a seu respeito. Após a narrativa da sua primeira entrevista com o rei em 1527 (cf. cap. 8), More lembra que os principais clérigos, teólogos eruditos do reino tinham começado a debater sobre o "divórcio" do rei e que, durante esse período, ele jamais se envolveu nessas discussões, quer de perto, quer de longe. Depois, explicita:

> Pouco depois Sua Majestade me incitou a rever e a considerar seu "grande negócio" e a medir equitativamente e sem pré-julgamentos o que eu achava. E, se acontecesse isso com ele, deveria parar de ver as coisas de tal maneira que me convencessem da legitimidade da sua posição, alegrando-me de contar, entre outros conselheiros, comigo também neste negócio. Entretanto, o rei me declarou com muito jeito que não

9. Dias sombrios (maio de 1532 – abril de 1534)

> queria de forma alguma que eu fosse obrigado a fazer ou dizer outra coisa que minha consciência me recriminava; e que eu devia primeiramente pensar em Deus, e nele depois de Deus. Essas palavras amáveis foram a primeira "chamada" que Sua Majestade me deu ao entrar para esse nobre serviço. Tal proposta foi muito importante para mim [...]. Depois disso, nunca fiz nada de mais e nunca escrevi uma palavra a esse respeito, de encontro do partido de Sua Majestade, nem antes, nem depois, nem jamais ter ou incitado outros a fazerem, mas fixando meu espírito na paz, para servir Sua Majestade.

No dia em que Thomas More envia essa carta a Cromwell, ele também escreve outra ao rei na qual reafirma sua fidelidade como sempre. More contesta todas as acusações de duplicidade ou oposição às vontades do rei pelas quais ele é responsabilizado. Assegura que tudo o que pode ser dito de uma contestação, desobediência ou uma simples objeção da sua parte, é falso. E acrescenta que o rei sabe que ele sempre disse a verdade. More lembra ao rei sua promessa de protegê-lo contra todo atentado à sua honra e que aceitou ser desincumbido da sua função para se ocupar da sua alma. Essa carta termina reafirmando sua fidelidade, sua prece e seus votos de felicidade.

Outro projeto de lei está em preparo, e no dia 23 de março a Câmara dos Comuns dá seu assentimento à Ata da sucessão. Esta declara ilegítima Mary Tudor filha do rei e de Catherine de Aragão, e dá prioridade aos filhos de Anne Bolena. Entre 23 de março e 13 de abril, data em que Thomas More é convocado para assinar a Ata da sucessão, ele está tentando levar uma vida normal: Dia 12, domingo de Páscoa, vai à missa na catedral São Paulo, faz uma visita a John Clement em sua antiga casa de Bucklesbury. Dia 13 vai à missa novamente e comunga. Depois, se faz acompanhar pelo seu genro Willian Roper, junto ao lugar da sua convocação, ao palácio de Lambeth, residência de Cranmer. É no curso desse trajeto sobre o Rio Tâmisa que ele declara: "'Filho' Roper, rendo graças ao Senhor, a batalha está ganha". Tal frase curta resume o combate interior em que viveu no mês. Esse combate é feroz como aparece na carta enviada pela filha de Meg, Alice Alington, em agosto de 1534, e na qual Meg relata suas, estas palavras de seu pai preso:

> Eu não esqueço nesse "negócio" o conselho de Jesus Cristo no Evangelho. Antes de construir este castelo para salvaguarda de minha alma, eu devo me assentar para fazer as contas de quanto vai me custar. Muitas e muitas noites sem repouso enquanto minha esposa dormia, pensando que eu estava dormindo também, calculei o custo (Lc 14,28-31) de todos os perigos que podiam me cercar; se bem que estou certo de não ter sido atingido por ninguém. E, depois dessa conta, Meg, minha filha, meu coração ficou bem volumoso. Bem! Graças sejam dadas ao Senhor; a despeito de tudo isso, eu jamais tenho sonhado em mudar de opinião, mesmo que sobrevivesse o pior medo.

Thomas More

More sabe que vai obedecer à sua consciência. Único leigo convocado com Canmer, recusa-se a fazer o juramento para a ata da sucessão (Acte de succession), ou, mais exatamente, no seu preâmbulo. De fato, More considera que o problema da sucessão do rei é uma questão de ordem temporal, o que autoriza o soberano e seu Parlamento a legislar com toda a liberdade. Mas no preâmbulo figuram algumas palavras que implicam o repúdio total de toda autoridade espiritual do papa. Para More, nenhuma autoridade temporal tem o poder de tirar do papa uma autoridade que ele tem de Jesus Cristo em pessoa, da Igreja Universal conduzida pelo Espírito Santo. Após essa recusa, More é posto em residência vigiada junto ao abade de Westminster. Na mesma manhã do dia em que ele é convocado a comparecer novamente, Cranmer tenta acalmar o jogo escrevendo a Cromwell uma carta hábil com finalidade política:

> Vós vos lembrais sem dúvida que o bispo de Rochester [John Fisher] e o mestre More aceitaram prestar juramento à Ata da sucessão do rei, mas não ao seu preâmbulo [...]. Que recusem ver diminuir a autoridade do bispo de Roma, que reprovem a anulação do primeiro casamento do rei. Mas persistem na sua opinião diante do preâmbulo do texto, deixemo-los em paz, com a condição de que aceitem prestar juramento à Ata da sucessão e estejam prontos para defendê-la contra todos os poderes e todos os potentados. Isso permitiria satisfazer a princesa viúva (novo título de Catherine d'Aragon) e lady Mary (sua filha Mary Tudor), pois todas as duas estão convencidas de que condenariam suas almas se renunciassem ao seu estado; não somente fechariam a boca, mas isso teria ainda o mesmo efeito sobre o imperador (Carlos V) e seus amigos.

Essa sugestão fica sem sequência. Cromwell – apesar de o rei e a nova rainha estarem atormentados por esta afronta – mantém suas exigências. No dia 17 de abril Thomas More recusa-se novamente a prestar juramento, como ele mesmo disse na primeira carta escrita na prisão para sua filha Margaret:

> [...] Depois de ler (a Ata da sucessão) em silêncio e comparando em seguida o juramento e a ata, eu vos apresentei meu propósito que não era de modo algum imputar alguma falta à ata ou a quem a redigiu. Nem ao juramento ou a quem o prestou, nem condenar a consciência de quem o aprontou. Mas, por tudo que se referia a mim, com toda minha boa fé, minha consciência queria que eu não recusasse prestar juramento pela sucessão, recusei assinar aquilo que comprometia minha consciência pondo em perigo minha condenação eterna.

Sim, "a batalha está ganha"; o que importa é o primado da consciência. Thomas More foi recambiado para a Torre de Londres.

10. PRISÃO: LIBERDADE INTERIOR, ELEVAÇÃO ESPIRITUAL (17 DE ABRIL DE 1534 – 30 DE JUNHO DE 1535)

Como partilhar com o leitor de hoje o que Thomas viveu, preso durante 15 meses na Torre de Londres? Escritos num simples pedaço de carvão vegetal, as quatro obras de espiritualidade, as 17 cartas trocadas entre o presidiário e seus familiares, que chegaram até nós, assim como preces e meditações de More, oferecem, a possibilidade de viver em simbiose com aquele que, visto humanamente, vai se escoando.

Esse período é conhecido como o mais revelador da caminhada do ex-chanceler para a santidade. Os quatro escritos de alta espiritualidade, que foram salvos, revelam melhor que qualquer comentário a liberdade interior e a vivência espiritual, mas também os temores, a própria angústia do presidiário, cujo humor permanece sempre presente. More explica melhor do que qualquer um seu engajamento de cristão e o amor dos seus, vividos nesse tempo de ascese, de despojamento, mas também de confiança em Deus. É a pausa da vida terrestre de Thomas More; convém segui-la por meio de centenas de páginas redigidas nas condições materiais tornadas as mais difíceis pela privação frequente de meios normais de escrita, penas como suporte de papel, e ainda ausência de luz e aquecimento. Unindo a essas obras sua correspondência e suas orações, a vivência e o estado de espírito do ex-chanceler e da sua família se revelam plenamente. E a Roper, marido de sua filha, Meg, que ficou surpreso ao saber que seu sogro parecia tão alegre na véspera de sua ida para a prisão domiciliar, More declara: "Meus filhos, com toda a boa fé, eu me alegraria por ter derrubado o demônio da sorte grande e ter ido tão à frente com esses senhores que não posso mais recuar sem me cobrir de vergonha". Roper responde: "Essas palavras me deixam muito triste, pois se isso é do seu agrado, não é do meu, certamente". Esta última frase revela as razões do sofrimento de More: "Sua privação da liberdade e as condições de vida degradante dos seus, do que ele é (se julga) responsável, a que se junta a dor de saber que, amigos e família, à exceção de sua filha Meg, estão ainda sem entender por que ele se recusa a prestar juramento à Ata da sucessão. Seus próprios genros, membros do

Parlamento, assinaram a Ata da sucessão. Sua solidão humana é grande, mas ele sabe que está sendo acompanhado por Jesus Cristo, seu modelo".

Os primeiros tempos na Torre

Acolhido pelo oficial de polícia responsável pelos detentos reclusos nas celas da torre, More pode manter consigo um servidor, certo John Wood, que não sabe ler nem escrever. Prudente, More manda-o jurar que, se ouvir dizer ou querer escrever o que quer que seja contra o rei, o conselho ou o reino, ele promete dar parte ao oficial de polícia diante do qual fará o juramento.

Ao lado de uma ruela junto à torre, chamada do Sino, More vai viver 15 meses num quarto-célula mobiliado com uma cama, uma mesa, uma cadeira e um pequeno aquecedor. Para controlar a umidade considerável que sobe do rio, ele pede que preguem esteiras de palha no muro. Tem direito a um passeio diário ao longo da torre. As visitas externas, durante certo tempo, são proibidas, mas ele pode, ao menos durante os primeiros meses de prisão, ler e escrever. Seus recursos para escrever são limitados a um pedaço de carvão vegetal e pedaços de papel chiffon. Desde a segunda carta enviada a Meg, pouco tempo após seu aprisionamento, More escreve: "Quanto às coisas deste mundo, eu não desejo nada mais do que meu quinhão [...]. Escrita com um carvão para teu terno e amado pai que, em suas pobres preces, não esquece nenhum de vocês [...]. Mas eu te digo adeus cordialmente. O papel me falta [...]". É graças a essa "tolerância" e à piedade filial de sua filha Margaret, que abrigou os numerosos escritos de seu pai, e também à fidelidade de seu amigo Bonvisi e de John Wood[1], que podemos seguir não só a evolução psicológica e espiritual do ilustre presidiário, como também as condições materiais de sua prisão.

Quando Margaret lhe escreve, em abril ou maio, para o incitar a rever sua recusa em prestar o juramento, esperando assim obter de Cromwell (ciente da carta), a autorização para vê-lo na prisão, a resposta de More mostra sua frustração: "Tua carta aflita não deixou de me abater mais que toda e qualquer outra coisa, embora tenha ouvido diversas vezes coisas terríveis para mim. Seguramente nenhuma delas me tocou tão de perto e me atingiu tão gravemente por te ver, minha filha bem-amada, cheia de compaixão, procurando inclinar-me a favor dessa causa emocionante para a qual, por pura necessidade – se eu respeito minha alma – já dei uma resposta precisa". Sabendo quão difícil se tornou a rotina diária em Chelsea e muito consciente do descrédito

---
[1] Deve-se a George Gold, funcionário do lugar-tenente da Torre de Londres, o favor de ter enviado parte da correspondência de Thomas More para Margaret Roper.

10. Prisão: liberdade interior, elevação espiritual (17 de abril de 1534 – 30 de junho de 1535)

crescente que seus parentes sofrem por causa dele, More desabafa com sua filha: "Sinto uma dor mortal, bem mais mortal que minha própria morte (pois também por ela eu rendo graças a Nosso Senhor Jesus Cristo, o medo de perder o céu e a Paixão de Jesus Cristo o apaziguam cada dia mais); ver meu próprio filho, teu marido e a ti mesma, minha boa filha e boa esposa, meus outros bons filhos e inocentes amigos, vítimas desse grande desfavor, correndo perigo de grandes males".

Nessas poucas linhas aparece aquele que é e será seu apoio permanente: a invocação da Paixão de Jesus Cristo. Há tempos a leitura da Paixão faz parte integrante de sua vida espiritual, o que explica por que ele entende como uma graça poder escrever na prisão duas obras sobre esse assunto. É esse o meio usado pelo presidiário para se preparar para momentos piores. More termina a redação do *Un traité sur la passion* (*Um tratado sobre a paixão*), começada algumas semanas antes da prisão. Essa obra de meditação requer uma revisão minuciosa e comentários da Bíblia, e traça o caminho para que pessoas vivam aclaradas pela mensagem bíblica a exemplo de Jesus Cristo. More não pode, com efeito, conceber uma vida de cristão que não seja alimentada pelas Escrituras, aplicando em obras as exigências fortes que elas reclamam. Evidentemente a morte é onipresente e, se More tem medo dela, é porque tem pavor de sua indignidade aos olhos de Deus, mesmo se sua confiança no seu amor é imensa.

Em abril e maio, todas as comunidades religiosas e universidades da Inglaterra rejeitam unanimemente a autoridade do papa. Somente John Fisher, ainda chanceler de Cambridge, não se associa à sua Universidade. Henrique VIII pode proclamar a abolição do "poder usurpado pelo papa". Numa troca de cartas em julho, entre Thomas More e John Fisher, também ele, presidiário na torre, os dois reafirmam sua posição sobre o juramento à Ata da sucessão: *sim* à sucessão na questão temporal, mas *não* para o preâmbulo. Essa troca de cartas entre os dois homens é tida como gesto de oposição, como sinal de traição quando seus processos respectivos se desenrolam um ano depois. A ex-rainha também recusou o juramento, apesar das ameaças. Quanto a Erasmo, sua correspondência abundante refere-se à dor que ele sente ao saber de More na prisão: "[...] jamais tive em minha vida nada que me fosse mais caro do que ele".

Após a primeira visita de Meg, More envia um breve bilhete endereçado a todos os seus amigos. Recomenda-lhes acolher bem seu pedido (aquele de Meg em caso de precisão) e atendê-la... "da mesma maneira como se eu, em pessoa, estivesse pedindo. E peço a todos que rezem por mim como eu rezaria por vocês. Thomas More, cavaleiro, presidiário".

Margarida torna-se assim a correspondente e mensageira de seu pai para o exterior, podendo noticiar os acontecimentos que interessarem [...]. É assim que, num correio endereçado a Meg, sua coirmã, Alice Alington, conta que ela teve a possibilidade de se encontrar com Thomas Audley, o novo chanceler do reino para lhe falar de seu pai. Mas Audley lhe diz que não compreendia mais More, tão obstinado estava, a ponto de recusar o que não faria dificuldade para ninguém, exceto para o bispo cego (Fisher) e ele. Em seguida, pelas fábulas de Esopus, Audley chega a comparar More a um asno.

A resposta muito longa de Meg para sua irmã é importante porque revela a atitude e o pensamento de Thomas More. Com efeito, a carta foi redigida em comum, para o pai e a filha, particularmente por tudo que diz respeito às intenções de More que Meg repassa para sua irmã. Meg começa dizendo a Alice que, como em todas as suas visitas, eles rezam e recitam juntos os sete salmos penitenciais e a grande ladainha pelos defuntos. Depois, Meg mostra a seu pai o correio da Alice, tentando dizer mais uma vez que ele vai perder todos os seus amigos:

> Respondendo, meu pai sorri para mim dizendo: "Hein! mestra Eva, minha filha Alington teria bancado a serpente ao teu lado, enviando-te para tentar teu pai, com todo o cuidado que tens com ele, a jurar contra a sua consciência entregando-se ao demônio...?". Meg reproduziu então as reflexões do seu pai que o levam a dar prioridade a sua consciência, assumindo uma escolha difícil só com a graça de Deus, sem ligar para fofocas:

> "E como conheço minha própria fragilidade e a debilidade do meu coração, todavia, se não tivesse a confiança em Deus que me vai dar força para suportar tudo em vez de ofendê-lo, prestando um juramento ímpio contra minha consciência, podes ter certeza de que eu não teria vindo aqui. E como nessa causa eu não confio senão em Deus, pouco me importa que os homens deem-me o nome que quiserem e nem chamem isso de consciência, mas de escrúpulo".

A carta continua com um desmantelamento "a la More" da argumentação do chanceler Audley, que havia procurado mostrar a inanidade da conduta de More. Parafraseando uma fábula de Esopo, Audley compara More com um asno. Essa passagem cheia de humor se prolonga, passando para a história de um bravo rapaz que, não querendo se desligar do mundo, presta um juramento contra a sua consciência, por espírito de boa companhia. More então explica que, se aqueles que prestaram juramento seguindo sua consciência serão julgados pelo tribunal de Deus e lavados de todas as culpas, quem jurou contra a sua consciência será punido e vai para o inferno, mas não encontrará ninguém que vá com ele por espírito de boa companhia.

10. Prisão: liberdade interior, elevação espiritual (17 de abril de 1534 – 30 de junho de 1535)

Meg é novamente interpelada por seu pai: "Não é melhor para mim [...] que eu considere de início o bem da minha própria alma?". Segue-se um longo desenvolvimento, narrando a conversa entre pai e filha. More lembra que o habitante de um país deve obedecer primeiramente os que o regem, salvo quando essas leis são contrárias à lei divina, o que hoje é chamado objeção de consciência. Meg cita novamente seu pai que não faz nenhum julgamento crítico sobre os que têm uma opinião diferente da sua:

> [...] Assim como eu já te disse... eu nunca me imiscuí na consciência de quem pensa ou diz que pensa diferente do que eu faço. Mas naquilo que me diz respeito, dir-te-ei para teu conforto [que]... desde quando esta consciência está certa aos meus olhos, espero verdadeiramente que Deus me dê a força, para não jurar contra ela.

Então Margaret confia a sua irmã:

> Vendo-me muito triste, pois já tinha o coração bem pesado do perigo no qual encontrava-se sua pessoa, ele me sorriu e disse: "Quem está vivo ainda, minha filha Margaret? Em que se tornou nossa mãe Eva? Onde estão teus pensamentos? Não estás vendo que mora alguma nova serpente no teu seio ou um novo argumento com o qual oferecerás novamente a fruta ao pai Adão?". Ao que Meg responde: "Por que te recusas a prestar juramento, meu pai?". "Eu já prestei a mim mesmo". Ele se pôs a rir, dizendo: "Essa palavra convém a Eva, porque não é oferecido a Adão uma fruta pior do que aquela que ela havia comido".

A carta termina com a repetição, por More, dos argumentos que o levaram a esta escolha, mas procurando fazer tudo para confortar a filha:

> É por isso, minha bem amada filha, que teu espírito se emociona por nada daquilo que poderia me acontecer neste mundo. Nada pode acontecer que não seja pela vontade de Deus. Eu estou bem persuadido de que, o que quer que possa ser, quando pareceria ser o pior, ainda seria o melhor naquela circunstância [...].

O rigor do racionamento aliado ao humor cheio de afeição que essa carta emana está sempre presente nos outros escritos do senhor Thomas. É o caso notadamente do *Dialogue du réconfort contre la tribulation* (*Diálogo do reconforto contra a tribulação*).

Viver o tempo da provação

O *Diálogo do reconforto contra a tribulação* é considerado uma obra-prima equivalente a *Utopia* para grande parte dos biógrafos de Thomas More. Uma tradução recente de Gerai Marc'hadour, fundador da *L' Association Internationale des Amici Thomae Mori* (Associação Internacional dos Amigos de Thomas More) permite ao leitor de língua francesa descobrir o que esse tradutor escreveu desde 1969: É um testamento, uma soma de sabedoria humana e cristã. Tem-se a impressão de estar na embocadura de um rio possante e largo, com uma maré de além-túmulo da eternidade que reflui por momentos, trazendo o ar tonificante do país para o qual o autor embarca o seu leitor.

Escrito em parte no papel vegetal, *Diálogo do reconforto contra a tribulação* é um livro muito volumoso no qual Thomas More tenta aprisionar a ideia da sua própria morte, mas talvez ainda mais, fortalecer sua vontade, caso ele tenha medo da tortura física que poderia fazê-lo voltar sobre o seu compromisso. O quadro dessa obra é um entretenimento entre dois húngaros, o tio Antoine (o próprio More) e seu sobrinho Vicente, muito inquieto, querendo ver a progressão dos turcos no Ocidente. Eles têm uma reputação de crueldade para atingir seus fins, particularmente obrigando os remidos a renunciar à sua fé cristã. Todo o texto mostra a diversidade possível de comportamentos diante das tribulações. Tribulação e reconforto são dois termos que More emprega frequentemente. Em *Diálogo do reconforto contra a tribulação,* em que as referências à Escritura são numerosas (mais de 200), é um livro no qual o autor exprime, certamente, não seu talento de escritor e dialoguista, mas sua fé e seu talento. É, de fato, incrível ler páginas de uma seriedade extrema nas quais as provações mais duras são apresentadas sem adoçamentos, mas onde as anedotas mais cômicas entremeiam o texto. Assim, é o propósito do Antonio explicando ao Vicente que, se os turcos metem-nos na prisão por causa de sua fé, isso não é tão grave porque outros bem conhecidos viveram esta situação:

> São João Batista estava preso (como tu sabes) enquanto Herodes e Herodíades se divertiam bem à mesa do festim, e que a filha de Herodíades os encantava com sua dança, se bem que à força de dançar, ela fez dançar a cabeça de São João Batista (Mt 14,01-2 e Mc 6,17-29). Agora São João Batista está sentado à mesa de Deus para o grande banquete do céu, enquanto Herodes e Herodíades têm seu lugar lúgubre no inferno, onde ambos estão queimando. E, para distrair o diabo, dançam com a madame no fogo sob seus olhares.
> Enfim, meu sobrinho, para encerrar este capítulo, nosso Salvador se fez prisioneiro por nós, foi levado preso, vigiado como preso, conduzido como preso para Anás e Caifás, Pilatos. Ainda como preso foi levado de Caifás para Pilatos, depois como preso enviado por Pilatos ao rei Herodes, como preso novamente para Herodes, depois Pilatos e assim fica preso até o fim da sua Paixão.

10. Prisão: liberdade interior, elevação espiritual (17 de abril de 1534 – 30 de junho de 1535)

Se Thomas acostumou-se ao seu estado de presidiário, isso não aconteceu com a sua família, sobretudo quando mantido em segredo – a cela solitária de nossas prisões atuais –, sem nenhuma consolação humana. Meg, tão amorosa, está angustiada: "[...] Pai, se me fosse dado o Universo em troca da minha saúde, teria sido um prazer pobre em comparação com aquilo que tirei do tesouro da tua carta, a qual, embora escrita com carvão vegetal, aos meus olhos é tão digna de letras de ouro. Por que a guardaste em segredo, meu pai? Nós não pudemos consegui-la". Sem responder, More, cheio de ternura ao ver sua filha querida, permanece firme até o fim.

> Se eu pudesse exprimir-te, minha boa e querida filha, como tuas cartas amorosas e filiais me dão prazer e conforto, um alqueire de carvão vegetal não seria suficiente: pois não tenho outra pena, minha bondosa Margaret; também não posso escrever-te longamente [...].

More retorna então para as comparações que precederam sua prisão, sobre o que está acontecendo ou já se votou pelo Parlamento, as Atas da supremacia confirmando a soberania do rei no domínio espiritual do país:

> Já revirei e tornei a revirar muitas vezes no meu espírito antes de vir aqui, como já fiz por todo e qualquer perigo de morte no qual podia expor minha recusa do juramento. E, meditando sobre isso, bondosa filha, eu me vi muito sensual e com minha carne crispada diante do sofrimento e da morte, sentimentos que me pareciam não convir para um cristão fiel num caso em que minha consciência me dava a entender que a saúde do meu corpo poderia acarretar a perda da minha alma. Entretanto, nesse conflito do espírito há sempre o socorro do alto; e a razão auxiliada pela fé, concluiria que, se eu fosse levado à morte injustamente por ter agido corretamente, isso seria o caso de um homem que poderia perder a cabeça sem sofrer nenhum mal, porém, em vez do mal, receber um bem inestimável das mãos de Deus [...].

Consciente da sua fragilidade, More continua:

> [...] Portanto, eu conheço bem minha fragilidade e sei que São Pedro, que estava bem menos sujeito ao temor do pecado como pensava, sentiu tal pavor que abandonou e negou Nosso Salvador, ante a palavra de uma simples empregada. Também eu não sou tão louco, Meg, para garantir que "eu sou o bom". Mas eu rezarei e te suplico, minha boa filha, que rezes comigo a fim de agradar a Deus, que me deu essa disposição para me conservar fiel.

Os dias passam e a família de More se encontra confrontada com uma situação cada vez mais difícil, mesmo com Willian Roper, paradoxalmente, sendo nomeado juiz para o Banco do rei, o grau mais elevado das escolas de Direito – apesar da desconfiança das autoridades. Alice More, que vendeu o gado, encontra-se na necessidade de dirigir ao rei, assim como a Cromwell, uma súplica, pois ela está constrangida a vender seu próprio guarda-roupa para pagar a pensão do esposo na prisão. O ato de cessão e atribuição de seus bens em proveito da sua esposa e seu filho, assinado por More antes da sua prisão, foi anulado e as terras, antes cedidas, confiscadas pelo rei. Ora, é a família do presidiário que tem que assumir os custos da prisão – situação análoga à dos nossos dias em numerosos países. A carta endereçada ao rei coloca em destaque a fidelidade do seu marido a seu respeito, a saúde afetada, os graves problemas financeiros, resultado de uma desgraça injusta. A carta endereçada a Cromwell retorna e relembra a grande dificuldade pela qual está passando para pagar 15 shillngs por semana pela alimentação e alojamento do pobre marido. Parece que estas cartas ficaram sem resposta.

Apesar de tudo, More está resolvido: nós o vemos nos correios endereçando cartas ao seu velho amigo Antoine Bonvisi, rico comerciante italiano, instalado em Londres há vários anos, fielmente apegado a ele; ou a certo mestre Leder, um padre: "Eu não consigo me pautar de modo algum pela maneira de pensar deste mundo... eu agi não por obstinação, mas pela salvação de minha alma, sem poder incitar meu espírito a pensar diferente... meu único impedimento é minha consciência que conhece Deus".

William Roper conta como sua sogra, excepcionalmente autorizada a fazer uma visita ao marido, tentou fazê-lo mudar de ideia, procurando demonstrar-lhe que ele estava se conduzindo de maneira desarrazoada:

> E, quando eu penso que tens uma casa muito bonita em Chelsea, com tua biblioteca, teu jardim [...] onde poderias viver feliz com tua esposa, teus filhos e tua gente, eu te pergunto: o que podes ter na tua cabeça para enlanguescer aqui? [...]".

More, após ouvir tudo, respondeu num tom jocoso:

– Boa mestra Alice, eu te peço: dize-me uma coisa.
– O que, pois? Pergunta ela.
– Esta casa (presídio) não está também mais próxima do céu do que a minha?

TRIBULAÇÕES

No dia 30 de abril de 1535, Thomas More é submetido ao primeiro interrogatório, conduzido por Cromwell. Prepara-se redigindo o *Traité pour recevoir Le*

10. Prisão: liberdade interior, elevação espiritual (17 de abril de 1534 – 30 de junho de 1535)

Corps de Notre Seigneur à la fois sacramentallement et fructuesement (Tratado para receber o Corpo de Nosso Senhor, tanto sacramental como frutuosamente). É preciso recordar que Thomas More ia à mesa da comunhão na manhã de cada jornada importante. Não pôde fazê-lo antes da prisão, mas ninguém sabe se recebeu o viático durante sua prisão. Sua fé na Presença Real do Corpo e do Sangue de Jesus Cristo inspira e irriga todo o *Traité*. Ela implica a consciência da indignidade humana por ousar receber o corpo que sofre essa Paixão, o precioso Corpo de Jesus Cristo que, por seu amor inefável, foi consagrado e nos foi dado. Ora, com o acolhimento do Senhor no Corpo de Jesus Cristo, se nós nos desprendemos de tudo para lhe reservar toda a nossa atenção, ele [o Senhor] não faltará com certeza de pronunciar dentro de nós, sob a forma de inspiração, esta ou aquela palavra destinada a nos trazer um grande reconforto espiritual.

No dia 2 de maio, More escreve para Meg a fim de tranquilizá-la, contando como se desenrolou o interrogatório, no decurso do qual houve pressão para prestar juramento à Ata da supremacia que nomeia o rei Chefe da Igreja na Inglaterra. Afirmou-se que, se ele assinasse, o rei o perdoaria e lhe permitiria voltar ao mundo junto aos outros homens. Após algum tempo de reflexão permitido para seus interrogatórios, More reafirma sua posição e acrescenta:

> Eu sou do rei um súdito muito fiel, orando cada dia por Sua Majestade, por todos os seus e por todo o reino. Não faço mal a ninguém, nem digo mal de ninguém, nem penso mal de ninguém, mas desejo o bem a todos. Se isso não é suficiente para proteger um homem em vida, com toda a boa fé, não aspiro mais viver [...] meu pobre corpo está à disposição do rei, e praza a Deus que minha morte possa fazer-lhe bem.

A carta termina com um pedido à filha Meg:

> Eu te peço, como também a todos (filhos e amigos), para rezar por mim e que não vos preocupeis pelo que possa me acontecer. Espero em verdade que, da parte da bondade divina, o que parece o pior neste mundo, será o melhor no outro.

No dia 4 de maio, Margaret está autorizada a ver seu pai. Pela janela da cela, veem-se alguns monges cartuxos condenados à morte por terem recusado prestar o juramento. Vendo-os, More os compara aos noivos que vão para suas núpcias. No dia 7 de maio ele vai para o segundo interrogatório, John Fisher, para o primeiro. No dia 3 de junho More vai para o terceiro. Thomas More presta contas a Meg pelo penúltimo correio conhecido. Cromwell participa da irritação do rei que não aceita a abstenção do seu antigo chanceler. Este repete novamente que guardará silêncio, sobre o qual Cromwell procura colocar More em contradição com ele mesmo:

131

> Mestre, o secretário declara que, precedentemente, quando era chanceler tinha como costume interrogar os heréticos se eles tinham o papa como chefe da Igreja, forçando-os a fornecer uma resposta bem clara. Do mesmo modo, já que o rei queria uma lei pela qual fosse ser chefe da Igreja, isto não obrigaria o povo a se pronunciar de maneira explícita sobre a dita lei como havia feito no tocante ao papa?

Após haver explicado aos seus acusadores a grande diferença entre as duas situações, More conclui, respondendo:

> Ninguém é obrigado em consciência a seguir a lei de um reino, quando existe na comunidade uma lei contrária em assuntos da fé católica [...].
> Quando houvesse motivo que constrangesse uma pessoa de um modo preciso não dependeria da comunidade escolher entre a decapitação e a fogueira, mas, sim, a consciência de cada um.

PREPARAÇÃO PARA A MORTE

More envia, alguns dias antes da morte, uma carta de despedida e de agradecimento ao seu fiel amigo Bonvisi:

> Ao amigo entre meus amigos, ao mais digno de minha afeição, saúde!
> Já que meu espírito me faz pressagiar que já não terei mais muito tempo a faculdade de te escrever, enquanto posso ainda, decido mandar-te por esta cartinha nesse declínio da minha sorte, o quanto reconforta-me a alegria da tua amizade.
> [...] Consciente que continuas a me amar e a me acompanhar... que trabalhas com o estímulo de uma força infatigável... como distingues, amas, facilitas e honras um More combalido, desafortunado, aflito e preso... é um benefício muito sublime e insigne, vindo de um favor particular de Deus, usufruir de uma felicidade tão fiel e tão constante na adversidade.
> É por isso que eu peço ardentemente a Deus, neste século movimentado e tempestuoso que nos leve para seu repouso... no qual nenhuma muralha vai nos separar ou nenhum antiquário nos impedirá de nos entreter, mas onde gozaremos da beatitude eterna. A ti, de todos os amigos o mais fiel, o mais querido, a ti, que eu costumava chamar a pupila dos meus olhos, adeus!

No terceiro e no quarto interrogatório foram retirados seus livros e seus apetrechos para escrever, o que explica sem dúvida porque sua quarta obra, *La tristesse du Christ* (*A tristeza de Cristo*), ficou inacabada.

No dia 12 de maio, More recebe a visita de Richard Rich, novo advogado do rei, acompanhado por mais duas pessoas, para recolher todos os livros do ex-chanceler. Richard Rich, personagem do traidor nas peças teatrais, aproveita esta "visita domiciliar" para ensaiar uma peça: "a armadilha e o presidiário". Começa lisonjeando More, pela sua sabedoria e erudição, e depois lhe propõe uma questão:

10. Prisão: liberdade interior, elevação espiritual (17 de abril de 1534 – 30 de junho de 1535)

> Suponde que saiu um decreto do Parlamento que me fez rei. Vós me aceitaríeis como rei, mestre More?

Após a resposta afirmativa de More, Riche continuou:

> Suponde que saiu um ato do Parlamento querendo que todo o reino me aceite como papa. Vós me aceitaríeis como papa?

Em vez de responder diretamente, More lhe propôs por sua vez uma questão, empregando o mesmo método de Jesus Cristo com seus adversários que queriam pegá-lo numa armadilha:

> Para responder ao vosso primeiro caso, meu senhor, o Parlamento pode também interferir na condição de príncipes temporários. Mas, no segundo caso, eu vos proporia o caso seguinte: Suponde que o Parlamento decreta que Deus não é mais Deus. Diríeis que Deus não é mais Deus?!
>
> Rich: Não, meu senhor, eu vos digo que nenhum Parlamento faria tal lei, pois nenhum Parlamento quereria se emparelhar com ele.
>
> More: Muito bem. O Parlamento não poderia fazer do rei o chefe supremo da Igreja.

O teor dessa conversa está no âmago da condenação de More e do seu processo iminente. No decurso do quarto interrogatório, no dia 14 de junho, ele recusa responder às questões que ele já respondera tantas vezes, e guarda doravante o silêncio antes da abertura do processo.

John Fisher, condenado à morte no dia 17 de junho, é decapitado no dia 22 do mesmo mês.

Nesse contexto, *La Tristesse du Christ*, cujo manuscrito autografado – preciosa relíquia da própria mão de More – foi encontrado em Valença na Espanha em 1963, faz sentido aqui: Seguindo o texto dos quatro evangelistas que narram a Paixão de Jesus Cristo, More caminha com Jesus, meditando, como fez tantas vezes, a vida e as palavras de Jesus Cristo nas horas que precedem a sua condenação e crucifixão. A meditação começa justamente após a ceia pascal da Quinta Feira Santa, após se ter entretido com seus discípulos, e pega o caminho do Monte das Oliveiras no Jardim de Getsemani. Ela se interrompe, oh, no momento da prisão de Jesus Cristo, quando são retirados de More, discípulo de Jesus, todos os seus livros, enquanto Richard Rich acerta os instrumentos da traição. Tristesse. Dégout. Peur (Tristeza. Desgosto. Medo) são as palavras com as quais More começa o livro e que ele compartilha. O fim de sua meditação é encontrar-se com Jesus Cristo que o conduzirá até o calvário, colocar-se também em guarda contra todas as tentações e explicar os únicos meios de resistir, como Jesus fez com seus discípulos: "Vigiai e orai para não cairdes em tentação – o espírito é forte, mas a carne é fraca" (Mt 26,41). Redigida em tão pouco tempo antes da condenação de More, tal obra é para ele o meio para se chegar mais perto daquele de quem ele quer ser discípulo. More não tem nenhum sentimento de orgulho pela honra de morrer mártir, mas, como prevê a iminência de sua condenação, procura seu reconforto na confiança e no amor de Deus, que o sustenta na prova, tomando como exemplo os mártires hesitantes:

> É assim que a Providência Divina regula as disposições de seus mártires, de modo que um voará para o suplício com alegria; o outro irá arrastado, hesitante e medroso, mas suportará a morte, não com pouca coragem; a menos que diante desses dois tipos de coragem não nos julguemos tão medrosos após ver aniquilados os outros inimigos. Vencendo também seu próprio desgosto, sua tristeza, seu medo, emoções muito fortes e inimigos muito poderosos... Quem se sente cheio de alegria não tem tanta necessidade de encorajamento para a audácia que, talvez fica de guarda, de medo que se presuma cheio de si como Pedro, ele tomba e afunda. Quanto àquele que se sente angustiado, acabado, medroso, é preciso, com certeza, oferecer-lhe um consolo, reanimar sua coragem... Para quem está totalmente esmagado pelo pavor e pelas angústias, que olhe para a agonia de Jesus Cristo, que a medite assiduamente e a "rumine". Que beba dessa fonte a longos goles de salutares consolações. Verá então o Pastor cheio de ternura tomar em seus ombros sua frágil ovelhinha e desempenhar seu papel, exprimir seus próprios sentimentos...

Fazendo parte dessa categoria de angustiados e medrosos, mas seguro pelo pastor que o toma em seus ombros quando estiver precisando, o senhor Thomas More, cavaleiro e cavalheiro, está pronto para enfrentar o tribunal que vai decidir a sua sorte.

11. O PRIMADO DA CONSCIÊNCIA (1º A 6 DE JULHO DE 1535)

Contexto de um processo

As três leis sucessivas votadas pelo Parlamento em 1534 e 1535 formam o pano de fundo do tribunal que vai julgar o senhor Thomas More. Ele, como John Fisher, havia aceito prestar juramento à Ata, dita da sucessão que emana do poder temporal, mas recusou-se a assiná-la em sua integralidade, pois o preâmbulo rejeitava o poder espiritual do papa, reduzido a "simples bispo de Roma". No plano jurídico, a Ata da sucessão não prevê sanções; tal não é o caso da ata da supremacia do rei sobre a Igreja da Inglaterra de novembro de 1534, que prevê sanções financeiras e econômicas e até prisão, mas não condenação à morte. A Ata da supremacia reforça sempre mais o poder real:

> Sendo o rei por justo título e como devia ser, o chefe supremo da Igreja da Inglaterra, aceito pelas assembleias do clero deste reino, portanto, para confirmar e estabelecer, e para afirmar a força da religião de Jesus Cristo neste reino, como também para extirpar e reprimir todos os erros, heresias e outras enormidades e perversões que ocorrem, declara pela autoridade do Parlamento presente que o rei, seus herdeiros e sucessores, devem ser plenamente considerados por todos como chefes supremos desse mundo da Igreja da Inglaterra. A esse título a Coroa Imperial do reino lhes garante não somente o título supremo, mas igualmente todas as honras, privilégios, proveitos ou vantagens, assim como todas as dignidades, preeminências, jurisdições ligadas à sua dignidade de chefe supremo da Igreja da Inglaterra.

O soberano "usufrutuário" de todos os bens do clero pode doravante servir-se deles para desencalhar as finanças reais, mas deve também ter autoridade sobre as consciências.

Com a ata das traições aprovada pelo Parlamento em dezembro de 1534, o absolutismo, para não dizer tirania real, avançou mais um passo. Aplicado a partir de 1.º de fevereiro de 1535, o objetivo do texto (publicado aqui brevemente) é claro:

> Seja lavrado em ata que se alguém de maneira intencionalmente maliciosa tiver desejado ou querido, em palavras ou por escrito, seja imaginando ou inventando, fazendo ou tentando fazer ou cometer algum mal físico sobre a pessoa do rei, da rainha ou seus herdeiros... ou privar um ou outro da sua dignidade, do seu título ou do nome de suas possessões reais, seja pública ou declaradamente, de modo maldoso ou calunioso, deliberado,

> por escrito ou em palavras, que o rei nosso soberano seria um herético, um cismático, um tirano, um infiel ou um usurpador da Coroa... então, sendo legalmente condenada conforme as leis e os costumes deste reino, toda a pessoa ou grupo de pessoas que comete um desses atos precipitados, como também os que terão ajudado, aconselhado, aprovado ou incitado, serão julgados traidores; e todo o crime desse tipo será reconhecido, aceito e julgado como ato de alta traição; e seus autores sofrerão os horrores da morte e outros castigos, como estão definidos e aplicados nos casos de alta traição.

O jurista More mediu bem as consequências de sua recusa ao prestar juramento quando foi interrogado nas quatro vezes, de abril a junho de 1535. Guardando silêncio desde o último interrogatório, ele espera talvez escapar da punição, como deixa entrever na carta escrita no dia 3 de junho para Meg:

> Fui interrogado por que, desde quando achei ser indiferente para mim ficar neste mundo ou não, declarei-me abertamente contra o estatuto. Não fui um homem tão santo a ponto de oferecer-me corajosamente para morrer, de medo que Deus, para castigar minha presunção, permitisse que eu tropeçasse, isto porque não estava avançando, mas recuando. Se, entretanto, Deus mesmo me atrair, então eu me entregarei à sua grande misericórdia, certo de que Ele não faltará de maneira alguma em me dar graça e força.

É nesse contexto que, menos de 15 dias após a decapitação de três monges cartuxos refratários e seu amigo John Fisher, Thomas More comparece, no dia 1.º de julho no Wesminster Hall.

UM PROCESSO POLÍTICO, MAS JURIDICAMENTE CORRETO

No dia 25 de junho é publicada uma longa ordenança de Henrique VIII sobre a culpabilidade de Fisher (decapitado no dia 22 do mesmo mês) e de More. Na manhã do dia 26 cria-se uma comissão de auditoria e de julgamento por crimes praticados. No dia 28 a câmara da acusação examina os termos da Ata da acusação preparada contra More. No dia 30 os membros da comissão, na verdade membros do tribunal, ordenam ao governador da Torre de Londres, Sir Willian Kingston, que conduza o senhor Thomas More na manhã de 1º de julho perante o tribunal reunido no Wesminster Hall. A composição do tribunal revela, por si mesma, a vontade de condenar o acusado. De fato, lá encontramos o novo chanceler, Thomas Audley e três parentes de Anne Bolena: seu tio, o duque de Norfolk, seu pai, Thomas Bolena, e seu irmão, George Bolena. E, ainda, Thomas Cromwell, o braço secular do rei. Quanto aos outros seis, todos membros da câmara dos lordes, três deles estão ligados ao serviço direto de Henrique VIII. São membros também os sete juízes profissionais que acabam de julgar e condenar à morte John Fisher e os monges cartuxos.

11. O primado da consciência (1º a 6 de julho de 1535)

No século XVI foram escritas cinco narrativas diferentes sobre o processo de Thomas More. Eles têm numerosos pontos de convergência, mas também de variantes. Este é também um ensaio de síntese que está sendo proposto ao leitor. Só uma coletânea da história dá a possibilidade de conhecer a parte secreta do processo político organizado pelos poderes totalitários.

Na grande sala do Westminster Hall, onde ele exerceu a justiça, More, enfraquecido pelos 15 meses de prisão, escuta a leitura da Ata da acusação. A ata qualifica como "crime" do ex-chanceler: ter falado do rei com malícia, traiçoeira e diabolicamente. Os termos da acusação baseiam-se de uma parte num resumo dos quatro interrogatórios de More por Cromwell entre abril e junho de 1535; da outra parte em trocas de cartas com John Fisher, do fim de maio até o começo de junho.

O silêncio de More e sua recusa em responder claramente sobre o título do rei, novo chefe supremo da Igreja, é qualificado de diabólico e perverso. Os termos de malignidade voltam continuamente para qualificar todas as propostas, mas também os silêncios e as atitudes de More. É assim também o caso da correspondência com Fisher, na qual terá recomendado guardar silêncio, como ele mesmo nas Atas da supremacia, pois este último é uma espada de dois gumes [...]. Se um homem disser que esta lei é boa, então é perigoso para sua alma; se ele disser o contrário, então é a morte corporal. A expressão "uma espada de dois gumes" utilizada por More num de seus interrogatórios e repetida por Fisher demonstra, aos olhos do tribunal, sua conspiração e sua conivência criminosa. Além disso, a decisão comum de queimar seu intercâmbio epistolar é considerada um indício suplementar de sua vontade de dissimular sua oposição traidora. A ata da acusação retoma igualmente os termos da conversa entre Rich e More (cf. cap. 10).

O duque de Norfolk tenta pela última vez fazer Thomas More ceder, assegurando nesse caso a clemência do rei. More responde:

> Nobres senhores! Senti-vos verdadeiramente agradecidos por vossa benevolência a meu respeito. Mas peço unicamente ao bom Deus para eu, com sua ajuda, ser capaz de perseverar na minha opinião até a morte. Mas do que se refere às acusações pelas quais fui atingido, creio que nem minha capacidade intelectual, nem minha memória, nem as palavras serão capazes de reagir, pois estou constrangido não somente pela abundância e extensão dos artigos (da Ata da acusação), mas também pela minha longa detenção na prisão, pela doença e fraqueza do meu corpo pelas quais fui atingido agora.

Foi trazida uma cadeira para o presidiário. Então More desmonta sucessivamente todas as acusações pronunciadas contra ele. O advogado More faz sua última defesa empenhando toda a sua competência jurídica e seu talento de orador para advogar em causa própria.

Sobre a ofensa feita ao rei, More lembra que este último sabe bem o que ele disse a respeito do seu casamento, e que o silêncio pelo qual optou depois não pode, em caso algum, ser aplicado contra ele, acrescentando com humor: "Se é verdade que o direito universal diz 'quem não diz palavra, consente', então meu silêncio deveria antes ser considerado favorável no sentido do estatuto [definido na Ata da supremacia] do que ao contrário".

Sobre sua correspondência e o conluio com Fisher, More contesta também a acusação. John Fisher, querendo saber qual foi sua posição com respeito ao estatuto do rei, respondeu que havia liberado sua consciência e escutado sua razão e o impeliu a fazer o mesmo. Quanto à expressão "espada de dois gumes", tratava-se de uma expressão habitual para nós dois, significando: "cultura do espírito e sua formação", na qual não havia nada de viciado, malévolo ou traidor.

Enfim, se o diálogo entre Richard Rich e More, que figura na Ata da acusação, não foi retomado por todos os documentos da época, está, com certeza, na biografia escrita alguns anos depois pelo seu genro Willian Roper, conforme o juramento de Rich perante o tribunal, no qual More recusou, em sua presença, admitir a supremacia do rei. Mas More, escandalizado, reagiu com vigor contra tal mentira, que não está conforme o que se diz entre eles e do qual ele relata o teor exato no tribunal (cf. cap. 10), acrescentando:

> Senhores! Se eu não fosse homem para preocupar-me por causa de um juramento, cada qual sabe, eu não teria motivo para estar aqui como acusado. E se o vosso juramento, mestre Rich, é verdadeiro, não quero mais ver a face de Deus, mesmo que fosse para ganhar o mundo inteiro. Com toda a boa fé, estou mais aflito por causa do vosso perjúrio do que pelo meu próprio risco.

Depois de ter feito a defesa com energia e habilidade, como jurista que era, contra os diferentes pontos chaves da acusação apresentados contra ele, Thomas More, o tribunal se retira um pouco, cerca de 15 minutos, para deliberar. E volta para anunciar que os membros do júri votaram por unanimidade a culpabilidade do acusado que pecou maldosamente contra o estatuto do rei, chefe da Igreja.

O presidente do tribunal, chanceler Audley, começa a pronunciar o julgamento, mas More, antigo juiz, interrompe cortesmente para lembrar o costume dos tribunais ingleses. O uso é perguntar aos prisioneiros se têm alguma coisa a exprimir antes do anúncio da sentença. Após esse apelo, More, autorizado a tomar a palavra, declara:

> Como a acusação está baseada num ato do Parlamento que está em contradição direta com as leis de Deus e da santa Igreja, da qual nenhum príncipe temporário

11. O primado da consciência (1º a 6 de julho de 1535)

poderia se arrogar a ser seu governante legal... consequentemente a dita lei é, por direito, insuficiente para levantar uma acusação contra um cristão no seio de uma sociedade cristã.

Condenado à pena capital, ele pode, enfim, falar livremente:

> Desde que fui condenado à morte, com razão ou sem razão, Deus o sabe, para desencargo de consciência devo dizer algumas palavras a respeito de vosso estatuto. Garanto que passei meu tempo estudando o problema nos últimos sete anos e nunca encontrei um doutor da Igreja que apoiasse o caso de um leigo ser o chefe dessa Igreja.

Audley o interrompe para perguntar:

> Quer dizer que julgas ser mais sábio e religioso do que todos os bispos, toda a nobreza e todas as pessoas que são os súbditos do rei e do seu reino?

More responde:

> A Igreja de um reino, parcela da Igreja inteira, não tem nenhum direito de legislar em contradição com a lei geral da Igreja, pois em toda a cristandade não há um membro, por mais pequeno que seja, que nisso não seja da minha opinião. Mas se eu falasse de todos que já morreram entre os quais, muitíssimos são hoje os santos do céu, garanto, assim por longe, que o maior número d'entre eles quando viviam, pensou a esse respeito como eu penso hoje. É por isso que não consigo conformar minha consciência, isto é, o concílio de um reino isolado, contra o concílio geral da cristandade.

Outra versão das proposições sustentadas por More é mais incisiva ainda:

> Por um bispo que está de acordo convosco, eu tenho facilmente a meu favor uma centena dos quais muitos são santos. E por vosso Parlamento e vosso estatuto, eu tenho ao meu lado todos os concílios gerais de mil anos atrás; e por um reino, o reino da França e todos os reinos do mundo cristão que concordam comigo.

Após esta troca (de argumentos) o chanceler pronuncia o julgamento de condenação à morte, já previsível, pois os membros do júri conhecem a vontade do rei publicada na ordenança de culpabilidade de 25 de junho. Em todos os casos, mesmo que esteja pendente há muito tempo este acento na folha nefasta de Rich como único motivo da condenação de More, é mais certo dizer que a decisão do tribunal está "juridicamente" fundamentada. Certamente, o silêncio escolhido por More é insuficiente para ficar ao abrigo dos termos da "Ata das traições", aplicada depois de 1º de fevereiro de 1535, e das sanções previstas. Como para Joana d'Arc, o processo da condenação de More é "uma obra-prima de parcialidade sob a aparência dos procedimentos mais legais".

Antes de ser reconduzido à prisão, o "traidor" mostra a grandeza de alma e sua caminhada espiritual de santidade declarando:

> Em tudo, como o apóstolo São Paulo assistiu e consentiu na morte de Santo Estêvão, segurando as roupas dos que o lapidavam, e não obstante os dois são agora santos no céu onde habitarão unidos para sempre, assim também espero em verdade e rezarei fervorosamente para que vossas senhorias, que fostes meus juízes e me condenastes sobre a terra, possamos todos nos encontrar jubilosamente no céu para uma salvação eterna.

Em outra versão, More acrescenta:

> Peço a Deus que proteja o rei, o guarde e lhe dê segurança, enviando-lhe um conselho salutar.

ÚLTIMAS MENSAGENS

Thomas More, reenviado para sua cela na Torre de Londres, espera o dia de sua execução. No trajeto entre Westminster e a prisão, Margaret, sua filha tão amada e amorosa, aguardando o veredicto na saída do tribunal, atravessa todas as barreiras, correndo risco de ela mesma ser detida, para se jogar no pescoço do pai. More, muito emocionado, encontra força para lhe dizer: "Meg, conserva forte a tua alma e não fica angustiada; é a vontade de Deus". Pouco depois de um novo abraço, seu pai lhe diz: "Adeus, e reza a Deus pela salvação da minha alma".

Que pensamentos inquietam o senhor Thomas que era ainda, alguns anos atrás, o segundo personagem do reino? Quanta dor oprime o pai de família, tão preocupado por não saber o que vai acontecer com os seus? Lembremo-nos que suas propriedades foram distribuídas aos favoritos do rei. Quanto temor aperta o condenado sonhando com o suplício previsto por seus crimes de alta traição, forca e evisceração antes que a cabeça seja decepada e o corpo cortado em quatro? Nada disso se sabe de fato. Contrariamente ao que foi adiantado alguma vez, Thomas More nunca procurou o martírio, considerando que ele teria tido a presunção de uma tal procura. Um ano antes, Meg havia relatado à sua irmã Alice Alington a inquietação e o pavor de seu pai que lh'o havia confiado:

> Contudo, não posso duvidar da graça de Deus [...]. Se for da sua vontade que eu vá para o suplício, sua graça me dará força para o enfrentar pacientemente, até mesmo, alegremente... Não quero duvidar dele, por tão frágil que eu me sinta [...].

11. O primado da consciência (1º a 6 de julho de 1535)

More dá o exemplo de São Pedro, afundando nas águas de Tiberíades e dizendo então: "Tenho a firme esperança que Jesus Cristo estender-me-á sua mão abençoada e me reterá deste mar tempestuoso para impedir que eu me afogue".

Dos cinco dias que precedem sua execução, poucas informações verídicas chegaram até os nossos dias. Restam, entretanto, dois autógrafos de More escritos com carvão vegetal, publicados em 1557. O primeiro é uma longa prece à Ssma. Trindade, na qual ele faz inicialmente um exame de consciência de toda a sua vida, pedindo a Deus que perdoe todos os seus pecados. More continua sua prece, implorando a Deus que o ajude a não pensar senão nele para que consiga a graça de emendar a vida e proteger seu fim próximo sem reclamar da morte. Dessa prece, algumas frases ressoam forte, sobretudo quando se sabe o lugar e o momento onde More as escreveu:

> Bom Senhor dá-me a graça de, em todos os meus temores e agonias, conceber, meditando [a Paixão de Jesus Cristo] um reconforto e uma consolação espirituais de proveito para minha alma...
> Dá-me, bom Senhor, a graça de aspirar somente a ti, não para evitar as calamidades deste mundo, nem tanto para evitar as penas do purgatório ou as penas do inferno, não tanto para aguardar as alegrias do céu, visando minha própria comodidade, quanto por puro amor a ti...
> Concede-me, na tua bondade, a graça de me lavar com a ajuda do precioso Sangue que saiu do teu tenro Corpo, ó Cristo, meu doce Salvador, nos diversos tormentos da tua amaríssima Paixão...
> Deus todo poderoso, tenha piedade de todos que me levam a querer o mal, e me querem mal e digne-se encaminhar e ajeitar a sua salvação, fazendo de nós almas salvas reunidas no céu para podermos viver juntos, e juntos nos amarmos eternamente contigo.

O segundo e último testemunho escrito para Meg, na véspera de sua morte, é a derradeira carta do condenado na qual lhe confia o cuidado de executar suas últimas vontades terrenas e espirituais. O detalhe de cada uma d'entre elas em favor de seus parentes, nominalmente citados, é profundamente humano e comovente. More retorna para seu último encontro na saída do tribunal, manifestando com imensa ternura paterna o acúmulo de cuidados que então entrega a Meg:

> Eu te cumulo de cuidados, minha boa Margaret, mas seria uma pena, para mim, esperar para depois de amanhã, pois é a vigília de santo Thomas [Becket] e a oitava de São Pedro, isso porque aspiro ir para Deus amanhã, por ser um dia bem próprio e conveniente para mim. Nunca me tratasse do modo que me agradou tanto como na última vez, quando me abraças. Pois eu gosto que a piedade filial e o terno amor não imitem as conveniências mundanas.

Thomas More

Tudo consumado (!) Thomas More foi decapitado na manhã de 6 de julho de 1535. Na sua "benevolência" Henrique VIII, talvez tomado pelos remorsos, comutou a sentença do enforcamento e da evisceração para a "simples" decapitação ou degola. Mas o soberano mandou dar ordem para ele não se dirigir ao povo do alto do cadafalso, temendo sem dúvida alguma agitação, pois o ex-chanceler era muito estimado pelos londrinos devido à sua integridade e equidade. Sua mulher e seus filhos estão autorizados a estar presentes no lugar da execução, o Torre Hill no seu entorno, ao lado da Torre de Londres.

Como ele estava revestido do seu traje mais belo que, segundo o costume, devia voltar para o carrasco, o tenente policial que o acompanha sugere-lhe que o tire, o que provocou uma viva reação do senhor Thomas:

> O que, mestre tenente! Tomar-me-ia por palhaço quem me presta hoje um serviço tão raro (ir para Deus)? Na verdade, eu vos asseguro que, se esta roupa fosse de ouro, creio que ele a teria bem merecido.

No momento de subir ao cadafalso, More, esgotado pelos 15 meses de prisão, faz um pedido com o humor que o caracteriza: "Peço-te, mestre tenente, que me ajudes a subir; porque, na hora de descer, eu me arranjarei, bem ou mal".

More diz então ao carrasco: "Reforça tua coragem, meu bravo, e não tenhas medo de cumprir teu ofício. Mas repara: meu pescoço é muito curto, toma cuidado para não pegar de lado, pois é uma questão de honra para ti".

Após uma derradeira prece, o cavalheiro Thomas More pede à multidão que reze por ele para que proclame em alta voz sua dupla e indefectível fidelidade:

"Eu morro como servidor fiel ao rei e a Deus, primeiramente!".

O corpo do mártir pela fé foi, sem dúvida, jogado no Rio Tâmisa ou numa vala comum, como era costume, mesmo se certas narrativas emitem outras hipóteses, entre as quais uma quer que tenha sido amortalhado anonimamente na capela "Saint Pierre aux Liens" da Torre de Londres, se confiarmos na inscrição sobre um cenotafio (memorial) instalado com seu nome na cripta. Sua cabeça, escaldada para não conservar a aparência dela viva, substitui a de seu amigo John Fisher sobre uma estaca plantada sobre a Ponte de Londres. Meg, alguns dias depois, consegue – assim se conta –, de acordo com Cromwell ou do lugar-tenente da polícia ou de outra pessoa subornada por ela, recolher a cabeça, relíquia preciosa que guardará consigo ao deixar Londres para se instalar em Canterbury, de onde são originários seus parentes. O crânio de Thomas More repousa, pois, na sepultura dos Roper, na igreja São Dunstan, onde é sempre venerado.

12. SOBREVIVÊNCIA INTELECTUAL E ESPIRITUAL (DE 1535 ATÉ NOSSOS DIAS)

O espírito e as ideias do humanista cristão continuam a viver e a interpelar homens e mulheres há meio milênio.

Logo que a notícia da execução de More pervade os países europeus, a reprovação é unânime, à exceção logicamente dos protestantes. Falta ainda anotar que, três anos depois, o próprio Lutero desaprovará Henrique VIII por ter levado à morte o próprio chanceler. Não somente os amigos do supliciado, mas diversos soberanos manifestam sua indignação. Embora seja possível redigir um grosso volume citando tudo o que foi escrito sobre Thomas More, depois de meio milênio pelos seus admiradores como pelos seus detratores, escolhemos limitar o estudo do seu renome e sua influência na sua época e sobretudo na nossa.

Como não evocar de início a tristeza de seu amigo Erasmo, que fala da tempestade que carregou seu amigo Thomas More... "cujo coração era mais puro que a neve, cujo gênio era tal que a Inglaterra nunca teve e jamais terá um semelhante [...]". Numa das 20 cartas, Erasmo fala do óbito e discorre longamente sobre os motivos da condenação de More, como também sobre sua atitude diante da morte: "Thomas More foi decapitado na Inglaterra demonstrando, no seu processo e suplício, uma firmeza igual à de Sócrates, condenado outrora por um veredicto iníquo do senado ateniense". A dor de Erasmo, que falece um ano depois do seu querido Thomas, explode: "Tenho o sentimento de que More cessou de viver, nós que tínhamos uma só alma para os dois". Uma última citação do autor no livro *Elogio da loucura*, dedicado ao seu amigo 25 anos antes, retoma a mesma comparação que utilizou para ele no *Diálogo do reconforto contra a tributação*:

> Igualmente como Herodes, que por causa de Herodíades mandou decapitar João Batista, um homem santo, igualmente por causa de uma concubina, o rei da Inglaterra mandou degolar dois homens muito virtuosos: o bispo de Rochester e Thomas More. Oh, crime dos mais cruéis, inaudito em nosso tempo! Eu amo Fisher e More de todo o coração por causa de sua nobreza singular. Não duvido que tenham recebido a coroa dos mártires.

A santidade dos dois homens da qual Erasmo estava convencido foi confirmada pela Igreja em 1935. Quanto à concubina, a infeliz Anne Bolena, seu amante régio condenou-a à pena capital, menos de um ano após a execução de More, e cinco meses após o falecimento de Catherine d'Aragon, à qual Anne sucedeu como rainha.

Primeiras reações

Um dos primeiros a manifestar sua desaprovação é Carlos V, informado imediatamente por Eustáquio Chapuys, seu embaixador em Londres. O imperador convoca Thomas Eliot, embaixador inglês, ao qual declara: "[...] Se nós tivéssemos sido o mestre de tal servidor, dos atos dos quais nós não deixamos de ter desde muitos anos uma experiência que não é pequena, antes tivéssemos perdido a cidade mais bela de nossos domínios do que um tão digno conselheiro". Três semanas após a decapitação de More, Chapuys, numa carta a seu mestre, não hesita em nomear Fisher e More, dois mártires muito santos. O papa Paulo III escreve ao rei da França e ao imperador participando de sua indignação. Desde o verão de 1535, circulam pela Europa diversas narrativas sobre o "martírio" de More e de Fisher. O primeiro deles é editado dia 23 de julho em Paris, onde o rei Francisco critica o soberano inglês e transmite um protesto oficial a Cromwell, através do embaixador inglês em Paris, senhor John Wallop.

Quanto aos humanistas amigos como Budé, Vives e outros, particularmente nas cartas endereçadas a Erasmo, da Alemanha, dos Países Baixos e de Portugal, se referem frequentemente à figura de More, cujo prestígio intelectual e autoridade moral sempre impressionaram.

Da Polônia o médico do rei Sigismundo, Jean Antonin, escreve a Erasmo:

> Eu disse adeus à corte. Cada dia eu invoco o Senhor; eu lhe confesso meus erros e negligências e, na tranquilidade, eu educo minhas filhas para a piedade, que são também meu bem mais querido. É como se a *Expositio Fidelis* [uma das edições do *Traité de la Passion*, em que se encontra o relato da execução de More], sobre a morte de Thomas More, tivesse me despertado.

O poeta Jean Second (1511-1536) morto um ano após a execução de More, redige, transtornado e indignado, um poema sobre a morte de Thomas More. Eis alguns trechos:

> Nós choramos sobre Thomas More, levado por uma morte cruel, sobre a crueldade real, sobre Vênus ensanguentada, sobre os azares do destino, sobre a cólera de uma cortesã ofendida [...].

12. Sobrevivência intelectual e espiritual (de 1535 até nossos dias)

> Esforçando-se para consolidar seu crime com as maiores audácias, o rei junta crime sobre crime. Despreza os conselhos do Soberano Pontífice, que o havia mandado despedir sua concubina, voltar à sua esposa legítima, devolver à sua mulher legítima seus direitos de esposa e honrá-la devidamente. Por própria conta usurpa os direitos e o nome sagrado do Pontífice sobre toda a extensão de seus Estados. Sacrílego, remexe completamente a antiga religião e, dizendo que não pecou, peca mais gravemente ainda. [...] More, persistente na prática da justiça e adorando Deus, oferece espontaneamente a cabeça à espada e, inclinando-se, espalha o rio purpúreo de seu corpo abençoado [...].
> E nós eternamente inconsoláveis, More, nobre poeta, choraremos teu triste passamento. Foi por amor à santa religião que sofreste uma morte cruel: por tanta coragem os mortais te devem um culto divino. Para ti, os templos. Para ti, os altares!
> Venerável ancião, para ti, salvação e adeus!

Só no século XVI foram escritos mais de 50 poemas e epitáfios, dos quais, um muito hostil: "Tu te proclamas sábio além da medida humana, More impudente, tu que és mais que um louco de pedra!". Escrito por certo Nicolas Bourbon que, após ser introduzido no círculo de Anne Bolena, tornou-se preceptor de Jeanne Albert, filha de Marguerite de Navarro. Um adversário de Erasmo como Etienne (Estêvão) Dolet, humanista e editor, cujo pensamento, um tanto livre para a época, valeu-lhe ser queimado em Paris em 1546, elogia sem reserva Thomas More: "A posteridade vai admirar menos Thomas porque foi decapitado? Lerá menos seus escritos? Vai pronunciar seu nome com menos prazer? Absolutamente, não! A posteridade apreciará com ternura seus escritos, sua nobreza, seu renome; abominará sua sorte e suas penas, seus tratos iguais tanto com os ricos como com os pobres". Até um luterano alemão, como Jean Rivius, desabafa: "Então, rei injusto, foi esta a recompensa que reservaste por sua fidelidade e dedicação? [...].

Em maio de 1536 chega a Londres o ataque mais violento contra o absolutismo de Henrique VIII, seu embargo sobre a Igreja da Inglaterra e os "crimes" cometidos sob esse título. O autor é o futuro cardeal Reginald Pole, que envia para Henrique VIII, seu primo régio, um texto extremamente violento: "Pela defesa da unidade da Igreja", argumentação veemente na qual ele defende a unidade da Igreja e o primado do poder espiritual de Roma. Reginald Pode, nomeado cardeal em dezembro de 1536, refugia-se em Roma, pois recusa submeter-se ao embargo do soberano inglês sobre a Igreja; sua família pagará caro por essa recusa. Seu irmão, Geoffroy, é julgado culpado de alta traição e executado no dia 9 de dezembro de 1538. Margaret Pole, sua mãe, é presa sem julgamento por dois anos e executada em 1541, com a idade de 68 anos. Quando recebe essa notícia, Reginald Pole declara: "Deus fez de mim filho de um mártir".

145

Tal "Defense" é contada entre as mais belas páginas jamais escritas sobre More, e as mais elogiosas. Bastam algumas linhas para compreender a emoção de Pole ao interpelar diretamente seu primo Henrique VIII, evocando a memória de seu amigo More durante várias páginas:

> [...] Que pátria jamais recebeu maiores frutos da inteligência de um homem como tu recebeste de More? [...]. A cada grão recebido, ele te devolveu alqueires de trigo, em grande número e tantos que nem se pode contar [...]. Ele não se permitiu nenhuma trégua na atividade que empregava para o teu serviço [...]. Já houve alguém para enriquecer o conhecimento de tuas leis numa tão imensa bagagem cultural? É uma coisa que deve particularmente atrair tua atenção; é o zelo excepcional que dobrava suas riquezas intelectuais: a dedicação, a paixão que tinha de te servir de todas as maneiras, sem jamais se desviar de sua atividade cívica [...].
> Nele, mais do que em todos os outros, encontrava-se uma tal urbanidade, uma tal fineza prazerosa, mas sem impertinências, fazendo-nos crer que seu jeito charmoso mais atraía do que maldizia.

Em seguida, Reginald Pole interpela a Inglaterra como se estivesse falando com um ser humano:

> Então, eu te peço, por que escondes tanta malícia? Em que esconderijo? Em que canto? [...] Oh, Inglaterra, estou apelando para tua consciência. [...] O rumo que tomaram os acontecimentos não são prova mais do que suficientemente de que ele foi nomeado chanceler com o objetivo de o corromper com este tipo de recompensa? Mas seu espírito, inteiramente reto e inteiramente cuidadoso pela tua salvação, mostrou que recompensa alguma e, em seguida, nenhum castigo puderam, mesmo que de leve, voltar--se para projetos funestos contra ti. Mas, onde está pois a malícia da qual o acusaram? [...]. Vejamos, Inglaterra [...] tu, por acaso, recolheste de seus lábios uma só palavra que indicasse malícia, mas talvez um espírito irritado ou merecedor de uma sentença tão injusta? [...] More, morrendo pela tua salvação, ó meu país, não fazia votos menos cordiais tanto para seus inimigos como para seus amigos [...].
> Nesse lugar (o tribunal) e nesse momento (após o anúncio da sentença), ele pronuncia palavras que nem pareciam de um homem prestes a morrer pela mão do carrasco, mas de um homem que, após ter sido sacudido longo tempo, estava entrevendo a porta da salvação [...]. Bem mais admirável foi esta força no combate que este homem, dotado de uma natureza tão afetuosa, teve que ir ao encontro da nossa natureza e da ternura do amor paterno [...]. Enquanto escrevo estes detalhes sobre sua morte, Deus é testemunha, as lágrimas me enchem os olhos, a ponto de me impedirem de escrever, apagando até as letras, quase sem poder continuar, senão com dificuldade, tudo isso pelo muito que o amei e venerei, não tanto por causa de nossas relações pessoais, não tanto por causa de sua virtude e probidade, mas porque eu o via como útil para a pátria.

Diante dessa onda de protestos, Cromwell dá instruções aos embaixadores ingleses para apresentar Fisher e More como traidores. Todos que se atrevem a

12. Sobrevivência intelectual e espiritual (de 1535 até nossos dias)

manifestar simpatia (pelos condenados) são perseguidos, presos e por vezes executados: Este é, por exemplo, o caso de outro Thomas, Thomas Becher, abade de Colchester, executado em 1539. Os parentes de More não são poupados. Seu genro, Roper, só é preso, mas seu outro genro, Giles Heron, marido de sua filha Cecily, é levado para a Torre de Londres em julho de 1539. Um ano depois, em 4 de agosto de 1540, é enforcado, eviscerado e esquartejado como réu de alta traição.

O primeiro relato do processo foi redigido por uma testemunha ocular no mesmo ano da sua execução e difundido na França a partir de 1535. No ano seguinte, 1536, apareceu em Frankfurt uma coletânea na qual se encontravam diversas biografias de Petrarca, Pic de la Mirandole etc., e de Thomas More. Aparecido em 1550, ele evoca More brevemente, sua vida e seu processo. As duas primeiras biografias foram escritas por Willian Roper, seu genro, em 1557; e pelo reverendo Thomas Stapleton em 1588. Essas duas biografias que desejam apresentar um Thomas More irrepreensível, colocam em relevo tanto a sua vida como uma hagiografia.

É sob o reinado (1553-1558) da rainha católica Mary I, filha de Catherine d'Aragon e Henrique VIII, a qual sucede ao seu "meio-irmão" Édouard VI – este reina sob tutela calvinista durante seis anos após a morte do seu pai em 1547 – que Roper redige o manuscrito de *La vie de Sir Thomas More* (*Vida do senhor Thomas More*). Tal manuscrito foi impresso pela primeira vez em 1620 em Saint-Omer, um dos lugares de emigração dos católicos ingleses. Com efeito, a partir de 1558 Elizabeth I, filha de Anne Bolena, sobe ao trono da Inglaterra. Como sua "meia-irmã" Mary I, apelidada a "Sangrenta", por haver perseguido e mandado queimar (na fogueira) centenas de heréticos, persegue os católicos refratários à chamada Igreja Anglicana, da qual ela é a chefe suprema. Pela mesma razão, a biografia do teólogo Thomas Stapleton é impressa em Douai, vila-refúgio de numerosos ingleses que recusaram o embargo por causa da autoridade espiritual do papado. Uma parte da família de More deixa a Inglaterra nessa época indo para Flandres, hoje o norte da França ou Paris.

Esta tendência hagiográfica produziu reações absolutamente contrárias. Sob o reinado de Édouard VI, John Fox começa em 1552 seu *Livre des martyrs* (*Livro dos mártires*). Em 1554, no exílio, ele publica em Strasbourg seu primeiro esboço dessa volumosa obra, editada em Londres em 1563. O seu Thomas More é um verdadeiro louco furioso, não somente responsável direto pela morte de dezenas e dezenas de heréticos, mas também um sádico, responsável por atos de tortura.

Sob o reinado de Elizabeth, é obrigatória a presença de um exemplar do *Livro dos mártires* em cada igreja. Contestado não só pelos católicos no exílio, como também pelos historiadores, este livro teve influência negativa na reputação de More.

Os séculos seguintes serão o campo de outras abordagens biográficas "pro" ou "anti" More.

Notoriedade de More antes de 1935

Beatificado em 1886, canonizado em 1935, Thomas More jamais foi esquecido, mesmo quando sua notoriedade oscila conforme as épocas. A palavra "utopia" entra na linguagem corrente; a literatura utopista ou utopiana se desenvolve rapidamente, e os ensaios de criação de vilarejos utopianos abrem caminho para o México com o espanhol Vasco de Quérula, primeiro bispo de Michoacán.

Os escritos sobre Thomas More, sua obra, sua vida, suas ideias não cessam de aparecer. Biografias, edições múltiplas de *Utopia*, peças de teatro, poemas, estudos críticos se multiplicam. François Rabelais inventa personagens inspirados naquela obra, como o rei Utopus, enquanto o sistema educativo de Pantagruel, também ele, recebe influência de *Utopia*. Pierre de Branstôme, nascido no ano da execução de More, cita-o na sua *Vie des hommes Illustres* (*Vida dos personagens ilustres*).

O grande poeta espanhol Lope de Veja redige em 1623 um poema-epitáfio brincando com o nome de Thomas More:

> Aqui jaz um More santo, tanto na vida como na morte;
> Muro forte da Igreja, mártir por havê-la honrado tanto.
>
> Foi Thomas, e foi, a bem dizer, mais Batista que Thomas,
> Pois foi, sem virar as costas, mártir, morto, more e muro.

São Francisco de Sales cita-o como exemplo. Em 1641, o cardeal Richelieu sai transtornado da representação da peça teatral de Puget de la Serre: "Thomas More ou o Triunfo da fé e da constância". A França de Montesquieu sempre o menciona no "Espírito da Lei": Maquiavel estava cheio de seu ídolo, Cesar Borgia. Thomas More quis governar todos os Estados com a simplicidade de uma cidade grega. Se Jean-Jacques Rousseau apenas aflora o personagem de More, Voltaire, por sua vez, exprime um verdadeiro ódio contra sua intolerância religiosa.

É após a revolução de 1917 na Rússia que More é "recuperado" como um dos precursores do comunismo, com uma lápide que traz o seu nome sobre a praça vermelha no coração de Moscou. Na Polônia, Gomulka, a testa do país entre 1945

12. Sobrevivência intelectual e espiritual (de 1535 até nossos dias)

e 1948, não hesita em referir-se à *Utopia*, lamentando que os camponeses do seu país recusam trocar seus cavalos por tratores. Ele recorda que na Inglaterra de Thomas More os carneiros comiam os homens; na Polônia, hoje em dia, são os cavalos que comem os homens. A partir de 1923, em apenas 30 anos, foram vendidos na Rússia mais de 50 mil exemplares do livro *Utopia*. São numerosos os que consideram Thomas More como um dos primeiros comunistas.

Mas, sem dúvida, é muito interessante para um leitor do século XXI descobrir por que o humanista More é sempre estudado, citado, admirado ou desacreditado por tantas pessoas.

QUEM É THOMAS MORE DEPOIS DE 1935?

Quando um velho morre, é uma biblioteca que queima, nos lembra a sabedoria africana. Ora, a coleta de tudo o que foi escrito sobre Thomas More depois de sua execução constitui uma verdadeira biblioteca. A partir de 1750, ocorre o primeiro recenseamento da bibliografia "moreana", que comporta 750 títulos. Em 1995 só os estudos sobre *Utopia* têm 700 ocorrências. A própria obra *Utopia* foi traduzida para 50 idiomas, entre eles coreano, finlandês ou bretão, sem esquecer o português. Perto de 3 mil obras sobre More, seus escritos e seu meio-ambiente estão sendo recenseadas, entre as quais 148 peças de teatro, em 12 línguas, dois filmes e uma ópera. Sem contar as 28 mil páginas da revista internacional trilingue "moreana" difundida em 40 países inserindo o Brasil, depois de 1963, data da sua criação pela *L' Association Internationale des Amici Thomae Mori* (Associação Internacional dos Amigos de Thomas More). Mais de uma centena de livros se inspiram no gênero literário de *Utopia*, como *La machine à explorer le temps* de Henrique H. G. Wells ou *Le meilleur des mondes* de Aldous Huxley.

Se o número de obras escritas sobre Thomas More lhe são favoráveis, estes elogios, por vezes, incondicionados para não dizer hagiográficos, provocaram reação nos universitários anglo-saxões, que adotam uma atitude totalmente contrária. Um deles, por exemplo, não hesita em afirmar que a intimidade exibicionista entre Meg e seu pai foi planejada para garantir uma imagem positiva de More para a posteridade. Aqui pode-se propor a seguinte questão: o desejo de deixar uma bela "imagem" sua, foi verdadeiramente o centro das preocupações de um homem e de um pai de família cuja escolha moral o levou até o cadafalso? Mas, além de qualquer excesso de linguagem – Thomas não deu, ele mesmo, o exemplo no grande número de seus escritos polêmicos e de suas diatribes? – o reequilíbrio, assim proposto por diversos historiadores, evita uma visão puramente hagiográfica de Thomas More, que o poderia ter transformado num santo de vitral (vitraux), isto é, desencarnado, oposto à realidade. A exemplaridade de More, que é um ente de carne e osso, com as qualidades e os defeitos inerentes à condição humana, que é, graças a todos esses trabalhos, muito mais acreditável para nossa época.

O nome de Thomas More faz parte hoje da paisagem cultural, não tanto para utilização de todos os ângulos da palavra "utopia", ou de seus derivados, da qual a maior parte dos utilizadores esqueceu de inventar, mas por causa de todos aqueles que se referem ao humanismo da Renascença. São, de fato, mais de 300 igrejas, colégios, universidades que escolheram colocar-se sob a sua proteção, como também de numerosas sociedades de advogados anglo-saxões, até mesmo de diversos e vários institutos, cujo objetivo, embora seja lamentável, não tem uma ligação perceptível com o chanceler More, exceto beneficiar-se de sua celebridade. Acontecem encontros e diálogos em diversos países – dos Estados Unidos a Nova Zelândia, passando pelo Japão, Austrália, Inglaterra, França – para aprofundar o estudo do pensamento, dos escritos e do personagem assombroso que é More. Séries de programas televisivos relembram a importância do primado da consciência para um homem que ousou dizer "não" a um rei barba-azul.

Por que More interessa sempre? É por meio de pessoas ou eventos recentes que vamos procurar um começo de resposta. Em 1886 o papa Leão XIII beatificou Thomas More como também John Fisher e 52 mártires executados na Inglaterra pela sua fé. A beatificação do autor de *Utopia*, cinco anos antes da publicação de sua primeira carta sobre a doutrina social da Igreja, é um gesto simbólico. De fato, encontram-se nessa encíclica certas analogias que têm a ver com a denúncia de More na sua *Utopia*; condutas de "poderosos" que não respeitam a dignidade humana.

- Dia 19 de maio de 1935. O papa Pio XI canoniza o cardeal Fisher e o chanceler More. Esta canonização de Thomas More não aconteceu por si mesma. Certamente, ao examinar o "processo da canonização" o "advogado do diabo" apresenta o fato de que, à diferença de Fisher, More não se opôs abertamente às leis que comprometiam a autoridade de Roma. Entretanto, foi após sua condenação, pois não tinha mais nada a perder, que ele proclamou suas convicções. Sem querer comparar a santidade de dois homens, mesmo assim pode-se dizer que a situação de um homem político, pai de família não é idêntica à de um clérigo celibatário. Thomas More já havia descrito no seu livro *La tristesse du Christ* as

12. Sobrevivência intelectual e espiritual (de 1535 até nossos dias)

diversas categorias de mártires, entre elas as dos "hesitantes", da qual dizia fazer parte. Apesar dessas reservas, agora More faz parte dos santos reconhecidos pela Igreja, mártir por amor da sua fé. Mais interessante e muito surpreendente é o caso da Igreja Anglicana, cuja criação foi a origem da condenação de More. Ela o incluiu na categoria dos santos há uma dezena de anos, pela causa do primado da consciência da qual ele é figura emblemática.

A data escolhida para a canonização de More não é por acaso, pois, se dá ensejo para comemorar os 400 anos da execução de More e de Fisher, corresponde à ascensão do totalitarismo na Europa, condenado dois anos depois, por uma encíclica redigida em alemão. Sabe-se que sob o regime nazista, More foi o modelo dos católicos alemães; é o caso de Sigrid Undsett, Prêmio Nobel de Literatura em 1928, figura de proa da resistência ao nazismo, e da qual é o herói preferido. O martírio de More, com efeito, é um testemunho profético contra a tirania. Compreende-se porque, na Alemanha, mais de 30 paróquias eretas depois de 1935 estão sob seu patrocínio.

Para dar um apanhado do impacto de Thomas More, propusemo-nos expor alguns exemplos de homens e mulheres de peso do nosso tempo influenciados por ele:

- Na Escola Normal Superior da rua d'Ulm em 1894, Peggy não hesita em batizar sua sala de "turnê da utopia".

- A poetiza, filósofa comunista e pacifista neerlandesa Henriette Roland Holst escreveu, em 1921, uma peça de teatro: "Tomás More", que foi um sucesso admirável. É, para ela, como pintar um afresco dela mesmo, pois sua vida compara-se bem com a do seu herói: "Vejam a vida de More: relegado à solidão, assediado pelos dois lados, proscrito, mas também livre de remorsos, afastado daquele que frequenta gente cujas ações não posso elogiar plenamente.

- Por volta de 1929, Gilbert Keith Chesterton escreveu: "More é mais importante hoje do que em algum momento depois da sua morte, mas ainda não é tão importante quanto vai ser daqui a uma centena de anos. Ele é, e será sempre, o maior entre todos os ingleses".

- Quando o escritor Julien Green fez uma visita em 1974 a seu amigo, o protestante Walter Nigg, autor de *Thomas More, la conscience d'um sainte*, que apareceu quatro anos e meio mais tarde, ele se espantou: "Quanto a Walter

Nigg, zwingliano [discípulo do reformador suíço Zwinglio que defendia a supressão de imagens e estátuas nas igrejas], o que não dirão se ele reconstituir entre seus muros uma igreja católica com as cruzes e as estátuas que ornam a casa. O que surpreende Green é a facilidade para compreender o texto de Nigg no qual este, evocando os nomes de Stalin e de Hitler, explica que nossas cadeias são internas e que os ditadores carregamos em gérmen dentro de cada um de nós". [...] Depois conclui: "Thomas More resiste ao exame. Qualquer um que escolher esse homem como companheiro invisível na sua vida, fez uma boa escolha. Esse homem exemplar ensina os cristãos a escutar a voz da consciência e a nunca nos encartar [...] ele nos ajuda [como Pascal, Newman e Kierkegaard] a tomar uma posição firme nos emaranhamentos do mundo.

- No edifício da Faculdade de Direito, que traz o seu nome, em Louvânia, onde diversos membros da família More encontraram refúgio durante o exílio, pode-se ler uma inscrição que explica:

> Por que Thomas More? Porque ele pode servir de exemplo de um cristão conformando sua vida com a fé [...] indo até o sacrifício da sua vida... mas também de um jurista advertido, aplicando sua habilidade desmanchando as armadilhas que lhe são estendidas, não procurando à toa o martírio, mas recusando todo o comprometimento quando se trata de valores que dão sentido à vida, colocando em definitivo o dever da obediência à sua consciência, acima da obediência ao poder. Com esses títulos São Thomas More permanece bem atual no mundo de hoje.

Antes de Julien Green, Daniel Rops, em 1955, dizia o mesmo: "O profundo interesse da posição desse grande humanista é ele ter visto perfeitamente que o fundo do problema está no próprio homem".

- No livro *Le premier cercle*, Alexandre Soljenitsyne fala da cidade utopiana com um humor bastante negro: "Enviaram-me para Vorkouta [um gulag]? Todo o Vorkouta dos zeks [nomes dos detidos]... O sonho de Thomas More realizou-se... Thomas More, o velho tipo que escreveu *Utopia*. Tinha a boa consciência de reconhecer que ficariam sempre na sociedade diversas formas de trabalhos particularmente dolorosos. Ninguém, pois, devia executá-los? More refletiu e achou uma solução: Evidentemente iria para uma sociedade socialista formada também por gente que desobedecia às leis. É para eles que voltariam as taxas humilhantes e particularmente dolorosas. Os campos foram, portanto, concebidos por Thomas More. Uma ideia muito antiga".

12. Sobrevivência intelectual e espiritual (de 1535 até nossos dias)

- Se deixarmos o mundo dos escritores para olhar o mundo dos cidadãos comuns, encontraremos Albrecht Haushofer. Preso após o atentado de 1944 contra Hitler, professor de geopolítica, executado em abril de 1945, deixou um soneto sobre a morte do senhor Thomas More, seu modelo de coragem. Eis as últimas linhas: "Quando curvaram sobre o cepo essa cabeça inquebrantável, fiel, lúcida e sábia, desviou sua longa barba e, sorrindo, disse para o carrasco: 'Só a cabeça e não a barba, porque esta não cometeu nenhuma traição'. E, sorrindo, entregou-se à morte".

- José Folliet, engajado, jornalista combativo, próximo de François Mauriac e Jacques Maritain, tenta dissociar o catolicismo do conservadorismo e do nacionalismo. Feito presidiário, ordenado padre ao retornar, Folliet declara na televisão que seu modelo constante, como leigo cristão, é More. Com uma citação que lhe é familiar, Folliet pensa no chanceler decapitado: "Feliz aquele que sabe rir de si mesmo, nunca terminará de se divertir". Tal citação está em harmonia com aquela que escreveu no seu *Invitation à la joie* (*Convite para a alegria*): "Thomas More me é caro por muitas razões, mas entre tantas, parece ter feito tudo o que estava em seu poder como jurista honesto para escapar do martírio [...]. Porém, quando viu que estavam esgotados seus recursos e que só faltava morrer, subiu sorrindo ao cadafalso".

- Jean Vilar, grande ator, fundador do festival de Avignon, interpretou seu último papel (Thomas More) na peça "O homem só" (*L'homme seul*), título francês que ele deu para a peça de Robert Bolt. *A man for all seasons*, apresentado em todas as grandes capitais, originado do filme de "cinco oscar". Após uma das primeiras apresentações, a revista *Education Nationale*, na pena de Jean-Pierre Auduit, título: "Sozinho? Mas um homem só, de uma tal envergadura, More... é mais perigoso que um exercito" (*Seul? Mais un homme Seul d'une telle envergure... est plus dangereux qu'une armée*).

- Sabe-se que Hugo Pratt, autor conhecido de histórias em quadrinhos, faz seu herói ler *Utopia* no Corto Maltese na Sibéria (Casterman, 1980).

- Quem conhece o nome da Confeitaria More, confeitaria importada da Itália ("mora" e no plural "more", doada aos participantes de uma exposição Ruysbroeck que aconteceu na ala Thomas More Home do convento inglês de Bruges das Religiosas Agostinianas)?

- Num outro registro, pode-se fazer um paralelo com Mahatma Gandhi, pois, alguns séculos atrás, Thomas More praticava, também ele, da resistência

153

passiva e cultivava o silêncio. Como seu dia de meditação, More elegeu a sexta-feira, e Gandhi, a segunda. Eles se fortaleciam para os combates que teriam que travar. Como Hythlodée em *Utopia*, Gandhi trabalha a longo prazo. Luis Fisher, autor de *Gandhi: sua vida e sua mensagem para o mundo*, cita um propósito de Mahatma Gandhi: "Sou um homem político que faz todo o seu possível para ser um santo. Os dois homens foram mortos pelos seus correligionários, porque queriam salvar a unidade frente aos fautores do cisma e bloqueadores de barreiras.

- Churchill faz um elogio a More durante a Segunda Guerra Mundial, cuja oposição ao absolutismo real é um ato de resistência heroica e nobre.

- Nos Estados Unidos, em 1952, Robert Fillion, referindo-se explicitamente a Thomas More, recusa-se a prestar o juramento do não comunismo exigido pela Universidade de Los Angeles. Sempre nos Estados Unidos, quem se lembra, por ocasião do escândalo de Watergate, a imprensa americana declarava: "Eis-nos longe de Thomas More"; ou ainda em janeiro de 1999, na abertura do processo de impeachment contra Bill Clinton, quando o presidente da comissão judicial da Câmara dos Representantes invoca a figura de Thomas More como quem prefere a morte do que prestar o juramento contra a sua consciência?

- Evidentemente diversos teólogos citam More: O teólogo suíço Hans Küng, num pequeno opúsculo publicado em 1964, que abre uma série de meditações teológicas sobre a liberdade no mundo, cita o exemplo de More, leigo engajado que reconciliou o ideal do Evangelho: "Oração e ação". Outro grande teólogo, Hans Urs Von Balthazar, escreveu em 1963 um ensaio sobre More que foi o início de uma série intitulada: "O cristão hoje". Ele explica como, em Thomas More, o discernimento, a firmeza nas decisões, o primado da consciência tornam-se possíveis pelo enraizamento na oração e integração da mensagem da Escritura na vida cotidiana.

- Iniciou-se um novo impulso de trabalhos e escritos sobre Thomas More que não para de crescer desde o final do ano 2000. De fato, no dia 31 de outubro de 2000, o papa João Paulo II proclama-o santo patrono dos responsáveis do governo e dos políticos. Ele respondia assim ao pedido de mais de 300 parlamentares de todo o país, entre os quais, um número de não cristãos pelo reconhecimento de Thomas More como santo patrono dos responsáveis na política. Francisco Cossiga, antigo presidente da República italiana, principal signatário desta petição, declarou primado da consciência com More e sua incorruptibilidade.

12. Sobrevivência intelectual e espiritual (de 1535 até nossos dias)

- O antigo presidente da Coreia do Sul, Kim Dae Jung, prêmio Nobel da Paz, nesse mesmo ano de 2000 escolheu para o seu batismo o nome de Thomas More. Dia 16 de junho de 2011, Lourenço Bini Smaghi, membro do diretório do Banco Central europeu, invocou Thomas More para lembrar que a independência do banco *vis-à-vis* do poder político é intangível.

- Após a publicação do texto de João Paulo II, o desejo de conhecer a vida e o pensamento de Thomas More atrai um número crescente de pessoas de todos os horizontes. Estão intrigados e animados porque um humanista engajado lhes foi proposto, nos dias de hoje, como referência nos domínios da justiça, da educação, da política e da vida espiritual.

- Os desafios intelectuais da nossa época não estão distantes daqueles que More enfrentou na sua progressão espiritual e nas suas preocupações de jurista e de homem político. Os paradoxos de sua vida estão solucionados pelo seu processo e sua morte. Como bem explicou André Prévost no prefácio de sua notável tradução francesa de *Utopia*:

> O conflito se desenrola em torno de More e gira ao redor de três polos: o poder temporal, o poder espiritual e a consciência, exigindo a separação dos poderes, afirmando a autonomia do espiritual e proclamando a inviolabilidade da consciência que controla imparcialmente cada um desses dois poderes, enquanto More estabelece entre eles o ponto existencial da vida [...]. Seu testemunho situa-se, portanto, no cruzamento, isto é, onde o tempo e o eterno se encontram.

CONCLUSÃO
CHE UOMO COMPLETO!
QUE HOMEM COMPLETO!
(PIO XI – 19/05/1935)

Quem é realmente Thomas More? A fórmula lapidar utilizada pelo papa Pio XI por ocasião da canonização de São Tomás More é a resposta justa? É possível, em três palavras, resumir as diferentes faces de um homem tão complexo?

Talvez seja suficiente, para isso, juntar uma palavra somente, a conjunção "e", que impregna todas as facetas de More.

"E": uma palavra curta que serve para ligar dois termos, duas palavras, duas proposições, à diferença de "ou", ou de "que", frequentemente opostas.

A dificuldade e até mesmo o assombro encontrados na sua biografia residem, contudo, nos traços de caráter paradoxais, senão contraditórios, do autor de *Utopia*: Homem de relação e homem de meditação; humorista e sério; amigo indefectível e polemista feroz; charmoso e rápido; advogado e juiz; ambicioso e desinteressado; tolerante e inflexível; sensual e ascético; charmoso e diretivo; diplomata e intransigente; realista e utopista; pai amoroso e exigente; afetuoso e provocante; defensor da Igreja e seu crítico. Escritor fecundo e leitor insaciável da Bíblia; servidor fiel do rei, mas de Deus primeiro, como afirmou em suas últimas palavras, e fiel à sua consciência em todas as circunstâncias.

Esses atributos estão longe de ser completos, mas mostram a complexidade de se tentar catalogar Thomas More. Atraído pela vida monástica, da qual guarda o gosto e as normas de oração, escolheu o casamento e a paternidade. Com efeito, na procura pessoal do "conhece-te a ti mesmo", jovem advogado, estando com os monges cartuxos em Londres, descobriu e discerniu que a conjunção e a complementaridade da alma e do corpo estruturam o ser humano em profundeza e em verdade.

A diversidade dos centros de interesse fascina as pessoas de todas as épocas e de todos os países, demonstrando que o campo das possibilidades é sempre mais vasto do que aquilo que se imagina, seja qual for a situação vivida. Um exemplo: More, presidiário na Torre de Londres, privado de toda a liberdade, fez então a descoberta e o aprendizado de uma liberdade interior sem limites.

Sim, Pio XI podia, com todo o direito, classificar Thomas More como "um homem completo". Humanista, nutrido pelos autores antigos, More pôde, como Terêncio (190-160 a.C.) afirmar: "Eu sou um homem e ninguém que é humano é estranho a mim".

Tal plenitude explica por que pessoas de ideologias diferentes, até opostas, encontraram uma inspiração ou um exemplo nesse "homem completo", em que a razão está sempre a serviço da fé.

No momento de encerrar este livro, citemos um provérbio escolhido por More em a *Súplica das almas*, pois a procura da verdade estará sempre em nosso coração:

TIME ALWAYS TRIETH TRUTH

Para o qual propomos três traduções possíveis:

- *Com o correr do tempo, a Verdade acaba sempre se manifestando.*
- *Que a Verdade esteja sempre sob a provação do tempo.*
- *O tempo acaba sempre escolhendo a Verdade.*

POSFÁCIO
THOMAS MORE E O BRASIL

No dia 22 de abril de 1500, o navegador português Pedro Álvares Cabral desembarca pela primeira vez na costa nordeste do Brasil. Fascinado pela descoberta de terras "exóticas", Thomas More se inspira nessas expedições longínquas para fazer o esboço da sua célebre *Utopia*, em 1516. Os navegadores portugueses Pedro Álvares Cabral, Américo Vespúci, Rafael Hythlodée são os heróis de então. O pré-nome de Rafael se encontra frequentemente em Portugal.

Como ilustração podemos revelar que Thomas More tinha numerosos animais na sua casa em Chelsea, e, com as descobertas, passou a criar um papagaio do Brasil. Mas esse precedente entre o Brasil e Thomas More talvez seja insuficiente para mostrar os elos entre os dois. Por isso, lembraremos dois outros:

Brasília (Brasil) e Amaurote (Ilha de Utopia), capitais

Amaurote é a primeira cidade utópica já descoberta. Seu urbanismo rigoroso a serviço de uma visão da cidade inspirada por ideias platônicas tem por objetivo criar uma cidade-jardim, que é boa para todos viverem. Essa cidade é a primeira das numerosas cidades utópicas revisadas, até mesmo criadas (cf. cap. 4).

Antes de falar de Brasília, é bom ressaltar que um adepto da doutrina de Fourier – promotor de um "socialismo utópico", que se apoia sobre as comunidades de vida ideal –, médico francês, Benoit Mure, em 1841 fundou no Brasil uma microcidade com o engenheiro D'oliveira em Palmital. Sucedeu-lhe de 1841-1845 na União industrial do Sai de Babitonga para a cisão do eng. D' Oliveira. Mas ele renunciou a essa honra.

Brasília, a nova capital do Brasil, construída em mil dias, foi inaugurada em 1960. Seus arquitetos, Oscar Niemeyer e Lúcio Costa foram apoiados pelo arquiteto urbanista Le Corbusier, fundador de uma cidade utópica na França, a cidade irradiante. Aliás, o mesmo Le Corbusier foi encarregado da criação de outra cidade, capital de dois Estados da Índia, Chandigarh. Um professor de arquitetura, o francês Martine Boucher, escreveu: "Estamos bem com essas duas cidades (Brasília e Chandigarh) num projeto d'utopia".

A organização do espaço tal e qual, é descrita na capital da *Ilha de Utopia*, que deveria permitir uma vida harmoniosa para seus habitantes; afinal, o que são dois milhões e meio de habitantes? São eles que podem responder a essa pergunta.

TEOLOGIA DA LIBERTAÇÃO E DENÚNCIA DOS ABUSOS E DAS INJUSTIÇAS NA INGLATERRA DO SÉCULO XVI NO LIVRO UTOPIA.

Ao descobrir o belíssimo livro de entretenimentos, do jornalista brasileiro Adelmo Galindo e de seu confrade italiano Michel Zanzucchi com o cardeal João Braz de Aviz, homem de peso, eu com Thomas More e o cardeal brasileiro sentimos a mesma indignação diante dos abusos e das injustiças. A vontade de clamar que os pobres têm direito à cidadania, o que o papa Francisco lembra sem cessar, está no coração da Teologia da Libertação e da obra *Utopia*. Mesmo se a expressão justiça social não existisse no tempo de More, é sempre a injustiça social que ele denuncia com força e até com violência nesse livro. No capítulo IV dessa obra, escrevemos que a análise de More podia ser colocada junto com a de João Paulo II, denunciando em 1987 as "estruturas de pecado" na sua encíclica "Sollicitudo rei socialis". É o mesmo papa que, falando da Teologia da Libertação, disse que era "útil e necessária".

As palavras usadas por More para descrever as causas da criminalidade, estreitamente ligada a uma vontade de enriquecimento sem limite, provocando o êxodo das famílias, muitas vezes dispersas, expulsas de suas terras, com a criação de um subproletariado desempregado, vivendo de "bicos" diante de uma alta dos preços, são bem atuais. More já evoca a perda de controle do meio ambiente, da vizinhança. More denuncia a tendência ao luxo e a degradação da moralidade pública. Não são esses os mesmos males que a Teologia da Libertação denuncia, querendo que a Igreja mude sua vida interna, no que o papa Francisco tanto se empenha atualmente?

Hoje, Eduardo Matarazzo Suplicy, brasileiro, economista e professor (um dos fundadores e líder do Partido dos Trabalhadores), recomenda que seja instaurado um único "imposto de renda". Sobre isso, do qual ele é um dos defensores mais conhecidos, afirma-se que ele e seu amigo Juan Luís Vives são descendentes de Thomas More.

Para concluir essas linhas sobre Thomas More e o Brasil, que justificariam um estudo a parte, podemos apontar um bom filme português realizado por Manoel de Oliveira no ano 2000, "Palavra e Utopia".

Atualmente, um dos principais especialistas em Thomas More no Brasil é o professor Carlos Eduardo Berriel, da Universidade de Campinas em São Paulo

(UNICAMP-SP), membro da Associação Internacional dos Amigos de Thomas More. Ele criou em 2004 a revista *Morus – Utopia e Renascimento"*. Berriel fez uma palestra interessante em Nova York em março de 2004 sobre o tema: *Geografia et dissimulation dans l'*Utopie *de Thomas More* (Geografia e dissimulação em *Utopia* de Thomas More).

A título de ilustração, não sabemos o que pensarão os leitores brasileiros sobre o nome dado ao Brasil por um escritor francês da primeira metade do século anterior: UTOPIALAND - Autor: Blaise Cendrars.

ÍNDICE

Introdução – Renascença e século XXI: semelhanças | 5

1. Uma infância no fim da Idade Média | 9
2. As Belas-Letras ou o Direito.
   Primeiros encontros com Erasmo (1494-1501) | 17
3. O Mosteiro ou o casamento?
   Jurista, humanista e parlamentar (1501-1514) | 25
4. Primeiros passos na vida pública
   e celebridade literária (1515-1518) | 37
5. A serviço do rei e vida familiar (1518-1520) | 55
6. Defensor do rei Henrique VIII
   contra os ataques de Lutero (1521-1523) | 69
7. Amizades, prosperidade,
   renome e... nevoeiros (1523-1528) | 81
8. Da glória à renúncia, livremente decidido (1529-1532) | 95
9. Dias sombrios (maio de 1532 – abril de 1534) | 107
10. Prisão: liberdade interior, elevação espiritual
    (17 de abril de 1534 – 30 de junho de 1535) | 123
11. O primado da consciência (1° a 6 de julho de 1535) | 135
12. Sobrevivência intelectual e espiritual
    (de 1535 até nossos dias) | 143

Conclusão – Que homem completo! | 157
Posfácio – Thomas More e o Brasil | 159